Lekti Kreyòl

Liv Aktivite 3

Wilson Douce

Lekti Kreyòl Liv Aktivite 3
By Wilson Douce

© Copyright Wilson Douce 2021
ISBN: 978-1-956241-06-8

ALL RIGHTS RESERVED. No part of this book may be reproduced, scanned or transmitted in any forms, digital, audio or printed, without the expressed written consent of the author.

Illustration: Anya Cartwright

Sa ki nan Liv Aktivite 3 a

Aktivite Leson 1

Fraz Mele - Leson 1 - Vole Avyon - Vokabilè

Non: ______________________________ Klas: __________ Dat: ____________

Fraz sa yo mele. Reranje yo pou yo ka fè sans. Sonje kòmansman ak finisman fraz yo. Sonje kòmansman ak finisman fraz yo.

1. mwen pase fini bon apre ti tan avyon nan lekòl nan pilòt ka Bèljik yon mwen yon peyi pilote

____

____

2. kontan mwen anpil sa

____

____

3. vole pran te k' toujou ap avyon tan pou mwen gade

____

____

4. men te fanatik avyon mwen pi

____

____

5. te lè mwen mwen piti se pasyon te

____

____

6. satisfè mwen jodiya

____

____

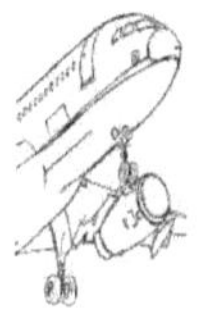

7. mwen mwen piti te te pasyon lè se

____

____

8. pilòt avyon nan mwen fini mwen peyi Bèljik pase ka bon ti pilote tan yon lekòl yon apre nan

____

____

9. fanatik men avyon te mwen pi

____

____

10. enterese tou elikoptè te mwen

11. mwen rèv mwen reyalize

12. ap te pran toujou tan gade mwen pou avyon vole k'

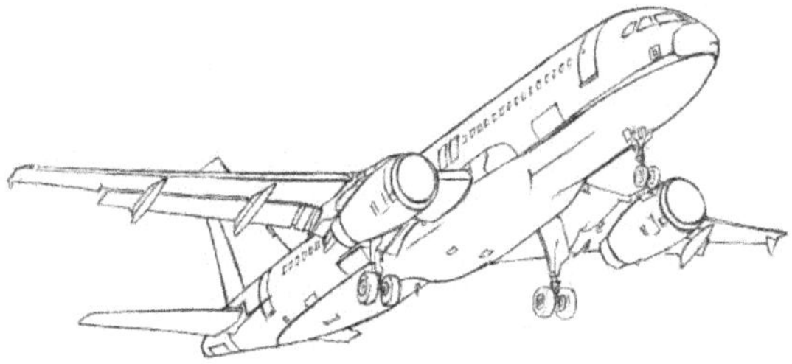

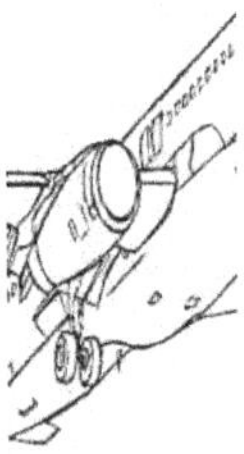

Paj Revizyon - Leson 1 - Vole Avyon - Vokabilè

Non: ________________________________ Klas: __________ Dat: ____________

Sèvi ak mo ki souliye yo pou ekri pwòp fraz pa w.

1. **Elikoptè** Elikoptè te enterese mwen tou.

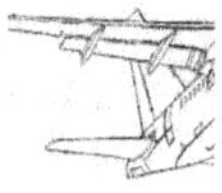

2. **pilòt** Apre mwen fini pase yon ban ti tan nan yon lekòl pilòt nan peyi Bèljik, mwen ka pilote avyon.

3. **toujou** Mwen te toujou pran tan pou gade avyon k' ap vole.

4. **piti** Lè mwen te piti, se te pasyon mwen.

5. **Bèljik** Apre mwen fini pase yon bon ti tan nan yon lekòl pilòt nan peyi Bèljik, mwen ka pilote avyon.

6. **tan** Mwen te toujou pran tan pou gade avyon k' ap vole.

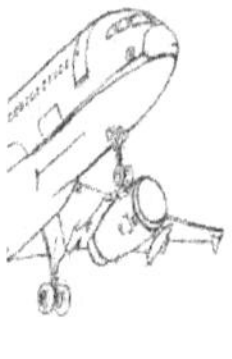

7. **Jodiya** Jodiya mwen satisfè.

8. **pasyon** Lè mwen te piti, se te pasyon mwen.

9. **rèv** Mwen reyalize rèv mwen.

10. **Kontan** Mwen kontan sa anpil.

11. **lekòl** Apre mwen fini pase yon bon ti tan nan yon lekòl pilot nan peyi Bèljik, mwen ka pilote avyon.

12. **avyon** Men, mwen te pi fanatik avyon.

13. **fanatik** Men, mwen te pi fanatik avyon.

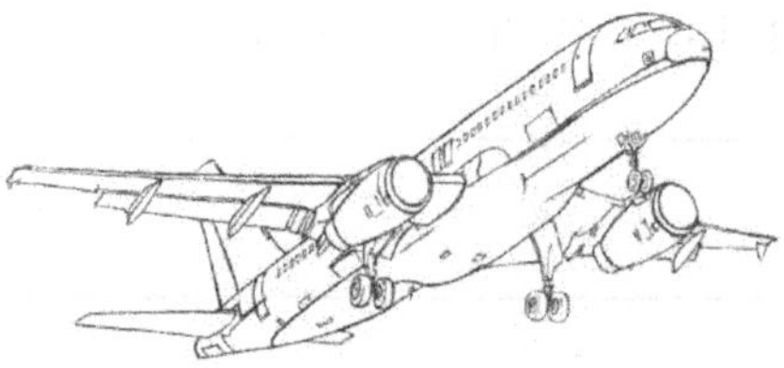

Mo Kle Enpòtan - Leson 1 - Vole Avyon - Vokabilè

Non: ______________________________ Klas: ______ Dat: ____________

Ekri fraz ak mo sa yo.

tan

Elikoptè

pasyon

kontan

rèv

piti

lekòl

Bèljik

toujou

Jodiya

pilòt

fanatik

avyon

Sinonim/Antonim - Leson 2 - Yon Sesyon Mizik - Vokabilè

Non: ______________________________Klas: ________ Dat: ______________

Li chak fraz, epi ekri yon mo ou fraz ki se [sinonim/antonim/definisyon] mo ki souliye a.

1. Kè mwen kontan anpil.

____

2. Twonpèt kou twonbòn, klarinèt kou flit, gita kou pyano yo tout ap chante.

____

3. Enstriman yo te fèk koumanse jwe.

____

4. Twonpèt kou twonbòn, klarinèt kou flit, gita kou pyano yo tout ap chante

____

5. Mwen santi mwen nan syèl.

____

6. Twonpet kou twonbòn, klarinèt kou flit, gita kou pyano yo tout ap chante.

____

7. Twonpèt kou twonbòn, klarinèt kou flit, gita kou pyano yo tout ap chante.

____

8. Mwen tande yon bèl amoni

____

9. Twonpèt kou twonbòn, klarinèt kou flit, gita kou pyano yo tout ap chante.

____

10. Mwen renmen bon son.

____

11. Enstriman akòd kon enstriman van, yo tout ap bay ban son.

____

12. Enstriman a kòd kon enstriman van, yo tout ap bay ban son.

____

Rekonèt Son - Leson 2 - Yon Sesyon Mizik - Vokabilè

Non: ______________________________ Klas: ______ Dat: ______________

Li chak fraz. Yon mo oubyen plizyè mo nan chak fraz gen menm son ou tande nan kòmansman ak nan finisman 'twonpèt'. Ansèklè/ekri mo sa a oubyen sa a/yo.

1. Mwen tande yon bèl amoni.

____

2. Twonpèt kou twonbòn, klarinèt kou flit, gita kou pyano yo tout ap chante.

____

3. Twonpèt kou twonbòn, klarinèt kou flit, gita kou pyano yo tout ap chante.

____

4. Enstriman akòd kon enstriman van, yo tout ap bay bon son.

____

5. Kè mwen kontan anpil.

____

6. Mwen santi mwen nan syèl

____

7. Enstriman a kòd kon enstriman van, yo tout ap bay bon son.

____

8. Twonpèt kou twonbòn, klarinèt kou flit, gita kou pyano yo tout ap chante.

____

9. Twonpèt kou twonbòn, klarinèt kou flit, gita kou pyano yo tout ap chante.

____

10. Mwen renmen bon son.

____

11. Enstriman yo te fèk koumanse jwe.

____

12. Twonpèt kou twonbòn, klarinèt kou flit, gita kou pyano yo tout ap chante.

____

Aktivite Leson 2

Fraz Gaye - Leson 2 - Yon Sesyon Mizik - Vokabilè

Non: ____Klas: ____ Dat: ______________

Fraz sa yo mele. Reranje yo pou yo ka fè sans. Sonje kòmansman ak finisman fraz yo.

1. pyano tout ap twonpèt twonbòn, kou kou klarinèt gita chante. kou flit, yo

____

2. mwen mwen syèl. nan santi

____

3. tout twonbòn, pyano flit, kou kou gita yo kou chante. twonpet ap klarinèt

____

4. kontan kè anpil. Mwen

____

5. bay enstriman akòd enstriman kon ap van, bon yo son. tout

____

6. renmen mwen son. Bon

____

7. yon bèl tande amoni. mwen

____

8. kou kou klarinèt gita flit, twonbòn, chante. tout kou pyano twonpèt yo ap

____

9. bon ap a son. enstriman bay kon van, tout kòd yo enstriman

____

10. kou twonpèt klarinèt twonbòn, kou chante. flit, tout gita pyano ap kou yo klarinèt

____

11. yo enstriman te fèk jwe. koumanse

____

12. kou twonpèt chante. gita flit, klarinèt twonbòn, ap kou pyano yo kou tout

____

Kòd Sekrè - Leson 2 - Yon Sesyon Mizik - Vokabilè

Non: ______________________________ Klas: ________ Dat: __________

Nan chak fraz dekode mo a.

1. Enstriman ___ ___ ___ ___ kon enstriman van, yo tout ap bay bon son.
   cjde
2. Twonpèt kou twonbòn, klarinèt kou ____ ____ ____ _____,gita kou pyano yo tout ap chante.
   lxuo
3. Mwen renmen bon ____ ____ _____.
   gdf
4. Twonpèt kou ______ ______ _______ _______ _______ ________ _____, klarinèt kou flit, gita kou pyano yo tout ap chante.
   ovdfbdf
5. Twonpèt kou twonbòn, klarinèt kou flit, _____ _____ _____ _____ kou pyano yo tout ap chante
   nuoc
6. Mwen santi mwen nan ___ ____ ____ _____.
   gkpx
7. ___ ___ ___ ___ ___ ____ _____ kou twonbòn, klarinèt kou flit, gita kou pyano yo tout ap c hante.
   ovdflpo
8. Twonpèt kou twonbòn, _____ _____ _____ ______ ______ ______ ______ _____kou flit, gita kou pyano yo tout ap chante.
   jxcaufpo
9. Kè mwen kontan ____ ____ ____ _____ _____
   cflux
10. Mwen tande yon bèl ____ ___ ____ ___ ____.
    csdfu
11. Enstriman a kòd kon enstriman ____ ____ ____, yo tout ap bay bon son.
    wcf
12. _____ ____ _____ _____ _____ _____ ____ ______ _____ yo te fèk koumanse jwe.
    pfgoauscf

Kòd Sekrè:

a	b	c	d	e	f	g	h	i	J	k	l	m	n	o	p	q	r	s	t	u	v	w	x	y	z
c	b	m	e	p	i	n	r	u	q	j	x	s	f	d	l	h	a	g	o	t	w	v	y	k	z

Paj Revizyon - Leson 2 - Yon Sesyon Mizik - Vokabilè

Non: ______________________________ Klas: ______ Dat: ____________

Sèvi ak mo souliye a pou ekri pwòp fraz pa w.

1. **klarinèt** Twonpèt kou twonbòn, klarinèt kou flit, gita kou pyano yo tout ap chante.

____

2. **anpil** Kè mwen kontan anpil.

____

3. **van** Enstriman a kòd kon enstriman van, yo tout ap bay bon son.

____

4. **son** Mwen renmen ban son.

____

5. **amoni** Mwen tande yon bèl amoni.

____

6. **flit** Twonpèt kou twonbòn, klarinèt kou flit, gita kou pyano yo tout ap chante.

____

7. **akòd** Enstriman akòd kon enstriman van, yo tout ap bay bon

____

8. **twonbòn** Twonpèt kou twonbòn, klarinèt kou flit, gita kou pyano yo tout ap chante.

____

9. **Twonpèt** Twonpèt kou twonbòn, klarinèt kou flit, gita kou pyano yo tout ap chante.

____

10. **Enstriman** Enstriman yo te fèk koumanse jwe.

____

11. **gita** Twonpèt kou twonbòn, klarinèt kou flit, gita kou pyano yo tout ap chante.

____

12. **syèl** Mwen santi mwen nan syèl.

____

Mo Kle Enpòtan - Leson 2 - Yon Sesyon Mizik - Vokabilè

Non: ______________________________ Klas: ______ Dat: ______________

Ekri fraz ak mo sa yo.

twonbòn

flit

gita

akòd

van

anpil

son

twonpèt

amoni

enstriman

klarinèt

syèl

Aktivite Leson 3

Fraz Mele - Leson 3 - Fè Laglisad - Vèb

Non: ______________________ Klas: ______________ Dat: ______________

Fraz sa yo mele. Reranje yo pou yo ka fè sans. Sonje kòmansman ak finisman fraz yo.

1. n'ap Pafwa nou nou desann. je fèmen

2. pafwa, lè Men nou pa grafonyen. pran prekosyon, nou konn kèk gen

3. tout sonje mwen te sa fè, Nan konn laglisad. Mwen

4. bèl te plezi. Se

5. te se grav. Men pa

6. te amizman. mwen Lè te mwen gen anpil piti

7. te li pye ak nou moso yon leve katon, chita sou nou epi de anlè. Nou sèvi nou

8. menm moute ti mwen lakay. ak yo, Mwen sou nou zanmi mòn bò

Fraz Mele - Leson 3 - Fè Laglisad - Vokabilè

Non: ______________________ Klas: ______________ Dat: ______________

Fraz sa yo mele. Reranje yo pou yo ka fè sans. Sonje kòmansman ak finisman fraz yo.

1. fè, tout laglisad. mwen mwen te sonje konn Nan sa

2. je nou desann. femen nou n'ap Pafwa

3. mwen amizman. Lè mwen te piti te gen anpil

4. pafwa, nou gen grafonyen. konn Men pran nou lè prekosyon, pa kek

5. de te ak moso nou Nou sèvi nou chita !eve pye li anlè. nou yon sou epi katon

6. te bèl plezi. Se

7. Mense pa grav. te

8. lakay. nou mòn bò yo, zanmi menm ti mwen Mwen ak moute sou

Paj Revizyon - Leson 3 - Fe Laglisad - Vokabilè

Non: ______________________ Klas: ______________ Dat: ______________

Sèvi ak mo ki souliye yo pou ekri pwòp fraz pa w.

1. **Katon** Nou te sèvi ak yon moso katon, nou chita sou li epi nou leve de pye nou anlè.

2. **Grav** Mense pate grav.

3. **Zanmi** Mwen menm ak ti zanmi mwen yo, nou moute sou mòn bò lakay.

4. **amizman** Lè mwen te piti mwen te gen anpil amizman.

5. **Pafwa** Pafwa nou fèmen je nou n'ap desann.

6. **grafonyen** Men pafwa, lè nou pa pran prekosyon, nou konn gen kèk grafonyen.

7. **plezi** Se te bèl plezi.

8. **Laglisad** Nan tout sa mwen te konn fè, mwen sonje laglisad.

Aktivite Leson 4

Sèvi ak Mo Nouvo - Leson 4 - Nan Yon Match - Vokabilè

Non:________________________ Klas: ______________ Dat: ______________

Konplete chak fraz avèk mo ki kòrèk la

Jwè	foutbòl	beng	Gade	reyini	souflèt
Koumanse	Abit	ekip	Je	tèlman	moun

1. Abit la met ____________________ li nan bouch li; li soufle.

2. Twazè sonnen _________________!

3. Tout jwè foutbòl yo _________________fè mouvman.

4. Je tout moun kale sou ________________ pa yo.

5. ____________________ yon ti jwè!

6. Tout moun gen tan ____________________ .

7. Gade yon ti ________________________ !

8. Tout _______________ gen tan reyini.

9. Tout jwè _________________ yo koumanse fè mouvman.

10. ____________________ tout moun kale sou ekip pa y

11. Li ______________________ trible tout moun pè li.

12. ____________________ la met souflèt li nan bouch li; li soufle.

Fraz Mele - Leson 4 - Nan Yon Match - Vokabilè

Non: ______________________ Klas: ______________ Dat: ______________

Fraz sa yo mele. Reranje yo pou yo ka fè sans. Sonje kòmansman ak finisman fraz yo.

1. jwè! ti Gade yon

____

____

2. la Abit met soufle. li souflèt nan li; bouch li

____

____

3. jwè koumanse mouvman. foutbòl Tout yo fè

____

____

4. li. tèlman trible moun tout pè Li

____

____

5. gen reyini. moun Tout tan

____

____

6. tout moun kale ekip sou pa yo. Je

____

____

7. beng! sonnen Twazè

____

____

Paj Revizyon - Leson 4 - Nan Yon Match - Vokabilè

Non: ________________________ Klas: _________ Dat: ______________

Sèvi ak mo ki souliye yo pou ekri pwòp fraz pa w.

1. **moun** Tout moun gen tan reyini.

____

____

2. **beng** Twazè sonnen beng!

____

____

3. **ekip** Je tout moun kale sou ekip pa yo.

____

____

4. **jwè** Gade yon ti jwè!

____

____

5. **foutbòl** Tout jwe foutbòl yo koumanse fè mouvman

____

____

6. **tèlman** Li tèlman trible tout moun pè li.

____

____

7. **Abit** Abit la met souflèt li nan bouch li; li soufle.

____

Sèvi ak Mo Nouvo - Leson 4 - Nan Yon Match - Vèb

Non: ______________________ Klas: ______________ Dat: ______________

Konplete chak fraz avèk mo ki kòrèk la.

Soufle	koumanse	kale	pouse	pran	sonnen
Trible	reyini	Gade	siveye	rive	

1. Bon, Bon! Ti jwè a pase tout jwè li rive devan gadyen an, li __________boul la nan mitan janm ni
2. Abit la met souflèt li nan bouch li; li __________________.
3. Tout moun gen tan______________________________.
4. _______________________yon ti jwè!
5. Gadyen yo ap ________________ balon toupatou.
6. Li tèlman________________________ tout moun pè li.
7. Je tout moun _____________________ sou ekip pa yo.
8. Bon, Bon! Ti jwè a pase tout jwè, li________________ devan gadyen an, li pouse boul la nan mitan janm ni.
9. Estad la _______________________ dife!
10. Twazè ___________ beng!
11. Tout jwè foutbòl yo _____________________ fè mouvman.

Fraz Mele - Leson 4 - Nan Yon Match - Vèb

Non: ______________________ Klas: __________ Dat: ______________

Fraz sa yo mele. Reranje yo pou yo ka fè sans. Sonje kòmansman ak finisman fraz yo.

1. bouch souflèt Abit met li nan soufle. li li; la

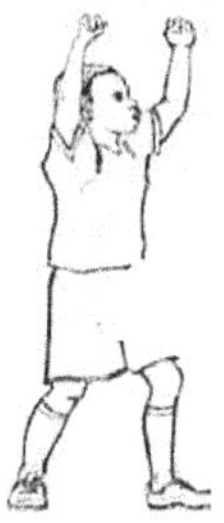

2. sonnen beng! Twazè

3. tèlman tout li. trible moun Li pè

4. fè koumanse jwè Tout yo mouvman. foutbòl

5. yo toupatou. siveye Gadyen balon ap

6. tout yo. kale moun Je ekip pa sou

7. pran Estad dife! la

8. moun tan reyini. gen Tout

9. Bon! jwè mitan pouse li Bon, ti li jwè a nan an, tout janm rive gadyen ni la devan pase boul

10. jwè! yon Gade ti

11. nan gadyen Bon! ni jwè a tout Bon, pouse la li ti devan an, janm rive li boul jwe mitan pase

Paj Revizyon - Leson 4 - Nan Yon Match - Vèb

Non: ______________________ Klas: ______________ Dat: ______________

Sèvi ak mo ki souliye yo pou ekri pwòp fraz pa w.

1. **Soufle** Abit la met souflèt li nan bouch li; li soufle.

____

2. **Siveye** Gadyen yo ap siveye balon toupatou.

____

3. **Kale** Je tout moun kale sou ekip pa yo.

____

4. **rive** Bon, Bon! ti jwè a pase tout jwè li rive devan gadyen an, li pouse boul la nan mitan janmi ni

____

____

5. **trible** Li tèlman trible tout moun pè li.

____

6. **reyini** Tout moun gen tan reyini.

____

7. **Gade** Gade yon ti jwè!

____

____

8. **Pran** Estad la pran dife!

____

9. **Sonnen** Twazè sonnen beng!

____

____

10. **Pouse** Bon, Bon! ti jwè a pase tout jwè li rive devan gadyen an, li pouse boul la nan mitan janmi ni.

____

11. **Koumanse** Tout jwè foutbòl yo koumanse fè mouvman.

____

Aktivite Leson 5

Sèvi ak Mo Nouvo - Leson 5 - Bato Tonton Mwen An - Vokabilè

Non: ____________________ Klas: _______________ Dat: _______________

Konplete chak fraz avèk mo ki kòrèk la.

tay mwayèn	Jeremi	chay	Tonton	Bato
waf	moun	bagay	maren	

1. Tonton mwen pral travay sou li avèk kèk lòt ________________________________.

2. ________________________________ mwen achte yon bato tou nèf.

3. Yon sèl __________________ mwen di tonton mwen, pa pote twòp chay ak moun pou bato a pa koule.

4. Bato sila a, kwake li pa twò gwo, li pi gwo pase tout bato ki sou _____________________________ la.

5. ______________________________ a bèl anpil.

6. Yon sèl bagay mwen di tonton mwen, pa pote twòp ____________ ak moun pou bato a pa koule.

7. Se yon bato _________________________________.

8. Yo prale fè _________________________ - Pòtoprens.

9. Anpil ____________________________ renmen bato a.

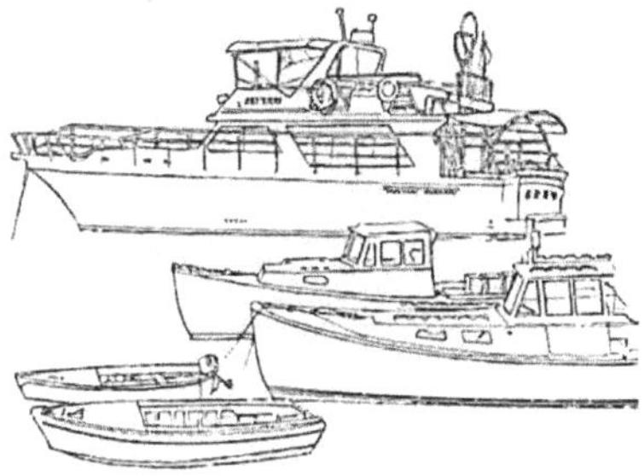

Fraz Gaye - Leson 5 - Bato Tonton Mwen An - Vokabilè

Non: ______________________ Klas: _____________ Dat: _____________

Fraz sa yo mele. Reranje yo pou yo ka fè sans. Sonje kòmansman ak finisman fraz yo.

1. Anpil bato moun a. Renmen

2. prale fè Pòtoprens. - Yo Jeremi

3. sila ki pi pase a, li twò gwo, la. li sou kwake waf tout gwo bato Bato pa

4. twòp sèl ak bagay mwen di mwen, pate moun Yon pa bato chay pou pa tonton koule. a

5. mwayèn. Se tay yon bato

6. mwen nèf. tou bato yon Tonton achte

7. sèl bato bagay a di pa koule. mwen, tonton twòp pote chay moun mwen ak Yon pa pou

8. Tonton sou mwen travay lòt maren. avèk li kèk pral

9. Bato a anpil. bèl

Paj Revizyon - Leson 5 - Bato Tonton Mwen An - Vokabilè

Non: ______________________________ Klas: ________ Dat: ____________

Sèvi ak mo ki souliye yo pou ekri pwòp fraz pa w.

1. **tay mwayèn** Se yon bato tay mwayèn.

2. **Tonton** Tonton mwen achte yon bato tou nèf.

3. **Chay** Yon sèl bagay mwen di tonton mwen, pa pote twòp chay ak moun pou bato a pa koule.

4. **Jeremi** Yo prale fè Jeremi - Pòtoprens.

5. **Maren** Tonton mwen pral travay sou li avèk kèk lòt maren.

6. **Waf** Bato sila a, kwake li pa twò gwo, li pi gwo pase tout bato ki sou waf la.

7. **moun** Anpil moun renmen bato a.

8. **Bato** Bato a bèl anpil.

9. **bagay** Yon sèl bagay mwen di tonton mwen, pa pote twòp chay ak moun pou bato a pa koule.

Sèvi ak Mo Nouvo - Leson 5 - Bato Tonton Mwen An - Vèb

Non: ______________________________ Klas: ________ Dat: ___________

Konplete chak fraz avèk mo ki kòrèk la.

Koule	li pi gwo	prale	renmen	Bato a bèl
Pote	travay	se	achte	

1. Anpil moun _________________ bato a.
2. Yon sèl bagay mwen di tonton mwen, pa pote twòp chay ak moun pou bato a pa _______________.
3. Yo ____________________, fè Jeremi - Pòtoprens.
4. Bato sila a, kwake li pa twò gwo, ___________________ pase tout bato ki sou waf la.
5. _________________________________ anpil.
6. _________________________ yon bato tay mwayèn.
7. Tonton mwen pral _____________________ sou li avèk kèk lòt maren.
8. Yon sèl bagay mwen di tonton mwen, pa ___________________ twòp chay ak moun pou bato a pa koule.
9. Tonton mwen _____________________ yon bato tou nèf.

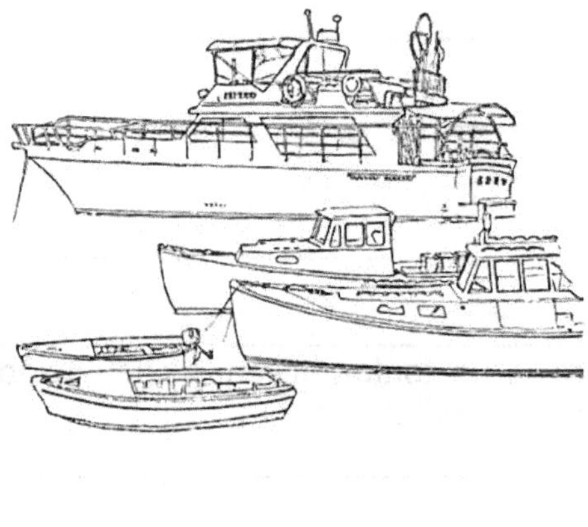

Fraz Gaye - Leson 5 - Bato Tonton Mwen An - Vèb

Non: ______________________________ Klas: _______________ Dat: ____________

Fraz sa yo mele. Reranje yo pou yo ka fè sans. Sonje kòmansman ak finisman fraz yo.

1. Bato anpil. bèl a

2. Yo prale fè Pòtoprens. - Jeremi

3. yon mwayèn. Se tay bato

4. ak a pa mwen koule. sèl bagay di mwen, chay Yon tonton pa twòp pote pou bato moun

5. moun mwen, tonton pou sèl pa pa Yon di mwen pote bagay ak koule. twòp a chay bato

6. mwen Tonton lòt avèk kèk pral maren. travay li sou

7. bato ki gwo, la. li Bato kwake a, gwo li twò pi tout pase sila sou waf pa

8. a. moun renmen bato Anpil

9. mwen nèf. yon achte bato Tonton tou

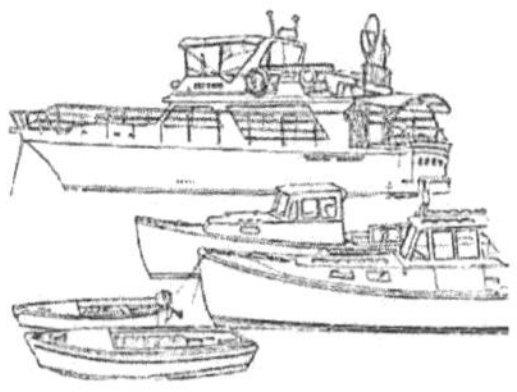

Paj Revizyon - Leson 5 - Bato Tonton Mwen An - Vèb

Non: ______________________ Klas: ________ Dat: __________

Sèvi ak mo ki souliye yo pou ekri pwòp fraz pa w.

1. **Se** — Se yon bato tay mwayèn.

2. **Travay** — Tonton mwen pral travay sou li avèk kèk lòt maren.

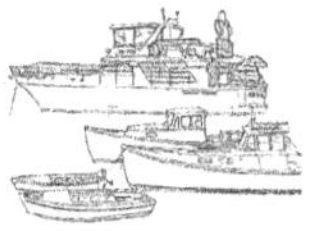

3. **Achte** — Tonton mwen achte yon bato tau nèf.

4. **pote** — Yon sèl bagay mwen di tonton mwen, pa pote twòp chay ak moun pou bato a pa koule.

5. **li pi gwo** — Bato sila a, kwake li pa twò gwo, li pi gwo pase tout bato ki sou waf la.

6. **Bato a bèl** — Bato a bèl anpil

7. **renmen** — Anpil moun renmen bato a. .

8. **prale** — Yo prale fè Jeremi - Pòtoprens.

9. **koule** — Yon sèl bagay mwen di tonton mwen, pa pote twòp chay ak moun pou bato a pa koule.

Aktivite Leson 6

Fraz Gaye - Leson 6 - Jwèt Bòlèt - Vèb

Non: ______________________________ Klas: ____ Dat: ___________

Fraz sa yo mele. Reranje yo pou yo ka fè sans. Sonje kòmansman ak finisman fraz yo.

1. ta rich, ta renmen yo renmen gen kòb vit. Yo

2. meprize yo bòlèt. yo Gen ki fanmi moun pou ka jwe

3. nan bòlèt. moun peyi renmen Dayiti jwe Anpil

4. Yo non. tout pote

5. toutan. Moun reve

6. rèv Bon ale yon pote move kou moun tout rèv, nimewo. ti pran

7. yo genyen Raman

8. rèv pran tout pote move rèv, moun ti yon nimewo. kou ale Bon

9. se sa fè pwovens, bòlèt. e chak kwen nan la, Enben, bank ki nan yon anpil jwenn kapital ou

10. gwo traka. Pafwa se yon

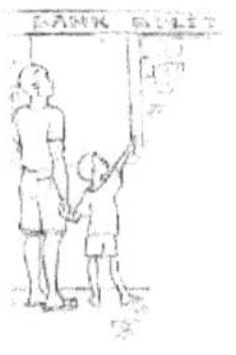

Paj Revizyon - Leson 6 - Jwèt Bòlèt - Vèb

Non: ______________________ Klas: ________ Dat: ____________

Sèvi ak mo ki souliye yo pou ekri pwòp fraz pa w.

1. **ale** Bon rèv kou move rèv, tout pote moun ale pran yon ti nimewo.

2. **renmen** Yo ta renmen rich, yo ta renmen gen kòb vit.

3. **se** Pafwa se yon gwo traka.

4. **reve** Moun reve toutan.

5. **genyen** Raman yo genyen.

6. **jwenn** Enben, se sa ki fè nan chak kwen kapital la, e nan anpil pwovens, ou jwenn yon bank bòlèt.

7. **meprize** Gen moun ki meprize fanmi yo pou yo ka jwe bòlèt.

8. **pran** Bon rèv kou move rèv, tout pote moun ale pran yon ti nimewo.

9. **jwe** Anpil moun nan peyi Dayiti renmen jwe bòlèt

10. **pote** Yo pote tout non.

Sèvi ak Mo Nouvo - Leson 6 - Jwèt Bòlèt- Vokabilè
Non: ______________________ Klas: ________ Dat: __________

Konplete chak fraz avèk mo ki kòrèk la.

nimewo	traka	bòlèt	bank	fanmi	kapital
non	Raman	rich	rev	toutan	pwovens

1. ____________________ yo genyen.

2. Anpil moun nan peyi Dayiti renmen jwe ________________________.

3. Enben, se sa ki fè nan chak kwen ____________________ la, e nan anpil pwovens, ou jwenn yon bank bòlèt.

4. Enben, se sa ki fè nan chak kwen kapital la, e nan anpil pwovens, ou jwenn yon ______________________ bòlèt.

5. Yo pote tout ________________________.

6. Moun reve ____.

7. Gen moun ki meprize _____________________ yo pou yo ka jwe bòlèt.

8. Bon ______________________ kou move rèv, tout pote moun ale pran yon ti nimewo.

9. Yo ta renmen _________________________, yo ta renmen gen kòb vit.

10. Enben, se sa ki fè nan chak kwen kapital la, e nan anpil _______________, ou jwenn yon bank bòlèt.

11. Pafwa se yon gwo ______________________________.

12. Bon rèv kou move rèv, tout pote moun ale pran yon ti ____________________.

Fraz Gaye - Leson 6 - Jwèt Bòlèt - Vokabilè

Non: ______________________ Klas: ____________ Dat: __________

Fraz sa yo mele. Reranje yo pou yo ka fè sans. Sonje kòmansman ak finisman fraz yo.

1. Yo pote non. Tout

2. yon gwo se traka. Pafwa

3. ta renmen vit. ta renmen rich, yo gen kòb Yo

4. bòlèt pwovens, sa se ki fè nan jwenn kwen e Enben, la, nan bank chak yon anpil ou kapital

5. Moun toutan. reve

6. nan Enben, kwen se la, chak ki nan anpil sa bòlèt . kapital fè e ou yon bank jwenn pwovens,

7. pran tout rèv nimewo. rèv, move ale moun kou pote yon ti Bon

8. Anpil peyi bòlèt. Dayiti jwe moun nan renmen

9. Raman genyen yo

10. rèv kou ti move ale tout yon pote rèv, nimewo. Bon pran moun

11. moun ka Gen meprize bòlèt. fanmi pou yo yo ki jwe

12. anpil se ki la, fè chak kapital bòlèt. nan e nan kwen sa bank jwenn pwovens, ou yon Enben,

Paj Revizyon - Leson 6 - Jwèt Bòlèt - Vokabilè

Non: ______________________________ Klas: ________ Dat: ___________

Sèvi ak mo ki souliye yo pou ekri pwòp fraz pa w.

1. **nimewo** Bon rèv kou move rèv, tout pote moun ale pran yon ti nimewo.

2. **traka** Pafwa se yon gwo traka.

3. **pwovens** Enben, se sa ki fè nan chak kwen kapital la, e nan anpil pwovens, ou jwenn yon bank bòlèt.

4. **bank** Enben, se sa ki fè nan chak kwen kapital la, e nan anpil pwovens, ou jwenn Yon bank bòlèt.

5. **non** Yo pote tout non.

6. **rèv** Bon rèv kou move rèv, tout pote moun ale pran yon ti nimewo

7. **rich** Yo ta renmen rich, yo ta renmen gen kòb vit.

8. **bòlèt** Anpil moun nan peyi Dayiti renmen jwe bòlèt.

9. **Raman** Raman yo genyen.

10. **fanmi** Gen moun ki meprize fanmi yo pou yo ka jwe bòlèt.

11. **toutan** Moun reve toutan.

12. **kapital** Enben, se sa ki fè nan chak kwen kapital la, e nan anpil pwovens, ou jwenn yon bank bòlèt.

Aktivite Leson 7

Sèvi ak Mo Nouvo - Leson 7 - Tounen Nan Travay - Vèb

Non: ______________________________Klas: __________ Dat: ___________

Konplete chak fraz avèk mo ki kòrèk la.

tounen fini rewè fèk soti kite
rekòmanse gen

1. Nou __________________________________ plis fòs e plis dispozisyon.
2. Nou kontan _______________________________ tout kliyan nou yo nou pa wè kèk jou.
3. Mwen menm ak madanm mwen____________________________ byen fre.
4. Enben, nou ap toujou __________________ batan pòt nou yo tou louvri pou tout kominote a.
5. Nou ________________________________ pran yon mwa repo.
6. Vakans fèk _________________________________.
7. Yo tout deside ________________________ achte nan magazen an.

Fraz Gaye - Leson 7 - Tounen Nan Travay - Vèb

Non: ______________________________ Klas: ________ Dat: ___________

Fraz sa yo mele. Reranje yo pou yo ka fè sans.

1. fèk Nou soti mwa repo. pran yon

2. byen menm Mwen tounen fre. madanm ak mwen

3. fini. Vakans fèk

4. gen plis dispozisyon. plis fòs e Nou

5. nan magazen an. Yo tout rekòmanse achte deside

6. kontan tout nou kliyan yo nou rewè wè kèk Nou jou. pa

7. batan a. tou nou ap kominote nou toujou Enben, pou kite tout pòt yo louvri

Paj Revizyon - Leson 7 - Tounen Nan Travay - Vèb

Non: ______________________ Klas: ____________ Dat: __________

Sèvi ak mo ki souliye yo pou ekri pwòp fraz pa w.

1. **rekòmanse** Yo tout deside rekòmanse achte nan magazen an.

___

___

2. **kite** Enben, nou ap toujou kite batan pòt nou yo tou louvri pou tout kominote a.

___

___

3. **rewè** Nou kontan rewè tout kliyan nou yo nou pa wè kèk jou.

___

___

4. **fèk soti** Nou fèk soti pran yon mwa repo.

___

___

5. **tounen** Mwen menm ak madanm mwen tounen byen fre.

___

___

6. **fini** Vakans fèk fini.

___

___

7. **gen** Nou gen plis fòs e plis dispozisyon.

___

___

Sèvi ak Mo Nouvo - Leson 7 - Tounen Nan Travay - Vokabilè

Non: ________________________Klas: ______ Dat: ____________

Konplete chak fraz avèk mo ki kòrèk la.

repo	kontan	dispozisyon	Vakans	kominote
kliyan	madanm	magazen		

1. Nou fèk soti pran yon mwa ________________________.
2. Mwen menm ak ___________________________ mwen tounen byen fre.
3. Nou gen plis fòs e plis ______________________________.
4. Mwen ___________________________ sa.
5. Enben, nou ap toujou kite batan pòt nou yo tou louvri pou tout ____________________ a .
6. ________________________________ fèk fini.
7. Nou kontan rewè tout ____________ nou yo nou pa wè kèk jou.
8. Yo tout deside rekòmanse achte nan _______________________________ an.

Fraz Gaye - Leson 7 - Tounen Nan Travay - Vokabilè

Non: ______________________________ Klas: _______ Dat: ____________

Fraz sa yo mele. Reranje yo pou yo ka fè sans. Sonje kòmansman ak finisman fraz yo.

1. repo. soti fèk mwa yon Nou pran

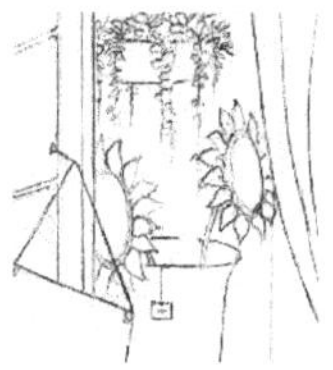

____

____

2. tout magazen rekòmanse an. nan Yo deside achte

____

____

3. tounen byen madanm menm fre. Mwen ak mwen

____

____

4. wè yo kontan Nou tout nou jou. nou kèk pa rewè kliyan

____

____

5. fèk fini. Vakans

____

____

6. tou kite ap yo nou toujou pòt a. nou tout louvri batan pou kominote Enben,

____

____

7. sa. kontan Mwen

____

____

8. Nou dispozisyon. plis e plis fòs gen

____

____

Paj Revizyon - Leson 7 - Tounen NanTravay - Vokabilè

Non: ______________________________________ Klas: _____ Dat: ____________

Sèvi ak mo ki souliye yo pou ekri pwòp fraz pa w.

1. **Vakans** Vakans fèk fini.

____

____

2. **kliyan** Nou kontan rewè tout kliyan nou yo nou pa wè kèk jou.

____

____

3. **repo** Nou fèk soti pran yon mwa repo.

____

____

4. **dispozisyon** Nou gen plis fòs e plis dispozisyon.

____

____

5. **magazen** Yo tout deside rekòmanse achte nan magazen an.

____

____

6. **Kontan** Mwen kontan sa.

____

____

7. **madanm** Mwen menm ak madanm mwen tounen byen fre.

____

____

8. **kominote** Enben, nou ap toujou kite batan pòt nou yo tou louvri pou tout kominote a.

____

____

Aktivite Leson 8

Sèvi ak Mo Nouvo - Leson 8 – Lanjelis - Vokabilè

Non: ________________________________Klas: _______ Dat: ___________

Konplete chak fraz avèk mo ki kòrèk la.

Setè popyè labrim jounen Firanmezi lakay

1. ______________________ yo ap mache, yo ap disparèt nan labrim diswa.
2. Yo pa mache twò vit; paske ______________________ travay la fin pran tout fòs yo.
3. Jounen an kòmanse fèmen __________________________ li yo.
4. Firanmezi yo ap mache, yo ap disparèt nan _________________ diswa.
5. A yon ti distans de mwen, mwen wè kèk moun ki ap tounen ____________________.
6. Li fèk _______________________.

Fraz Gaye - Leson 8 - Lanjelis- Vokabilè

Non: ______________________________Klas: ______ Dat: ____________

Fraz sa yo mele. Reranje yo pou yo ka fè sans. Sonje kòmansman ak finisman fraz yo.

1. Jounen an popyè yo. li fèmen kòmanse.

____

____

2. yo. fin tout fòs vit; pa twò travay mache Yo paske jounen pran la.

____

____

3. ap yo nan yo mache, disparèt Firanmezi diswa. ap labrim.

____

____

4. fèk setè. Li

____

____

5. nan labrim yo Firanmezi ap yo mache, ap diswa. disparèt.

____

____

6. ki yon ap distans de kèk mwen, mwen wè moun tounen ti lakay. A

____

____

Paj Revizyon - Leson 8 – Lanjelis - Vokabilè

Non: ______________________________Klas: __________Dat: ___________

Sèvi ak mo ki souliye yo pou ekri pwòp fraz pa w.

1. **popyè** Jounen an kòmanse fèmen popyè li yo.

____

____

2. **lakay** A yon ti distans de mwen, mwen wè kèk moun ki ap tounen lakay.

____

____

3. **Firanmezi** Firanmezi yo ap mache, yo ap disparèt nan labrim diswa.

____

____

4. **setè** Li fèk setè.

____

____

5. **jounen** Yo pa mache twò vit; paske jounen travay la fin pran tout fòs yo.

____

____

6. **labrim** Firanmezi yo ap mache, yo ap disparèt nan labrim diswa.

____

____

Sèvi ak Mo Nouvo - Leson 8 – Lanjelis - Vèb

Non: ______________________Klas: _____________ Dat: __________

Konplete chak fraz avèk mo ki kòrèk la.

efase	disparèt	se	boure	kòmanse	mache
tounen	fèk	kache			

1. Li ______________________ setè.
2. Yo pa ______________________ twò vit; paske jounen travay la fin pran tout fòs yo.
3. Syèl la pral __________ ak zetwal.
4. Pita ankò ________________lanwit.
5. A yon ti distans de mwen, mwen wè kèk moun ki ap __________________ lakay.
6. Jounen an ___________ fèmen popyè li yo.
7. Firanmezi yo ap mache, yo ap ____________________ nan labrim diswa.
8. Petèt nou va wè moun si lalin nan pa ___________ anba nyaj.
9. Yon lòt ti moman yo ___________ nèt nan fènwa a.

Fraz Gaye - Leson 8 – Lanjelis - Vèb

Non: ______________________________ Klas: ________ Dat: ___________

Fraz sa yo mele. Reranje yo pou yo ka fè sans. Sonje kòmansman ak finisman fraz

1. yo a. lòt Yon moman efase nan ti nèt fènwa

2. ki yon lakay. mwen, distans moun tounen ti A wè kèk de ap mwen

3. si nyaj va nou Petèt nan kache anba lalin moun. wè pa

4. fèmen popyè Jounen an yo. kòmanse li

5. pa twò paske travay Yo fòs yo. jounen vit; fin tout pran mache la

6. fèk setè. Li

7. ankò lanwit. se Pita

8. mache, disparèt yo yo diswa. nan labrim Firanmezi ap ap

9. la pral boure ak zetwal. Syèl

Paj Revizyon - Leson 8 – Lanjelis - Vèb

Non: ______________________________Klas: __________________ Dat: _______________

Sèvi ak mo ki souliye yo pou ekri pwòp fraz pa w.

1. **boure** Syèl la pral boure ak zetwal.

2. **mache** Yo pa mache twò vit; paske jounen travay la fin pran tout fòs yo.

3. **tounen** A yon ti distans de mwen, mwen wè kèk moun ki ap tounen lakay.

4. **efase** Yon lòt ti moman yo efase nèt nan fènwa a.

5. **kache** Petèt nou va wè moun si lalin nan pa kache anba nyaj.

6. **kòmanse** Jounen an kòmanse fèmen popyè li yo.

7. **disparet** Firanmezi yo ap mache, yo ap disparèt nan labrim diswa.

8. **se** Pita ankò se lanwit.

9. **fèk** Li fèk setè.

Aktivite Leson 9

Sèvi ak Mo Nouvo - Leson 9 - Yon Pye Kenèp Mal - Vèb

Non: ______________________________ Klas: _____________ Dat: ___________

Konplete chak fraz avèk mo ki kòrèk la.

fè joure renmen resevwa kage Se gen rive soufle

1. Bò lakay mwen, __________________yon pye kenèp.
2. Se tout lajounen moun ap ____________________ pyebwa a.
3. Lè labriz diswa ap soufle nan mitan fèy li yo, gen yon bèl mizik ki __________nan zòrèy nou.
4. _______________________ yon kenèp mal.
5. Lè labriz diswa ap _______________________ nan mitan fèy li yo, gen yon bèl mizik ki rive nan zòrèy nou.
6. Yon ti kay ki tou pre li ___________________ bon jan frechè ak lonbraj.
7. Tanzantan yon moun nan kay la ___________ chèz li anba pye kenèp la.
8. Li pajanm ________________mal.
9. Nou pa ________________sa?

Fraz Gaye - Leson 9 - Yon Pye Kenèp Mal - Vèb

Non: ______________________ Klas: __________ Dat: __________

Fraz sa yo mele. Reranje yo pou yo ka fè sans. Sonje kòmansman ak finisman fraz yo.

1. renmen sa? pa Nou

____

____

2. ki li jan frechè kay ak resevwa ti pre Yon tou lonbraj. bon

____

____

3. ap a. Se tout lajounen moun pyebwa joure

____

____

4. la. la moun yon nan kay kage li kenèp chèz pye anba Tanzantan

____

____

5. kenèp. lakay gen yon pye mwen, Bò

____

____

6. mal. Li pajanm fè.

____

7. fèy labriz ap nou. nan Lè li mizik yo, mitan ki gen soufle nan bèl diswa rive yon zòrèy

____

8. nou. diswa labriz li soufle nan zòrèy ap bèl ki mitan fèy rive yon gen Lè nan mizik yo,

____

9. mal. yon kenèp Se

____

Paj Revizyon - Leson 9 - Yon Pye Kenèp Mal - Vèb

Non: ______________________ Klas: __________ Dat: __________

Sèvi ak mo ki souliye yo pou ekri pwòp fraz pa w.

1. **Se** — Se yon kenèp mal.

2. **resevwa** — Yon ti kay ki tou pre li resevwa bon jan frèche ak lonbraj.

3. **joure** — Se tout lajounen moun ap joure pyebwa a.

4. **renmen** — Nou pa renmen sa?

5. **soufle** — Lè labriz diswa ap soufle nan mitan fèy li yo, gen yon bèl mizik ki rive nan zòrèy nou.

6. **rive** — Lè labriz diswa ap soufle nan mitan fèy li yo, gen yon bèl mizik ki rive nan zòrèy nou.

7. **fè** — Li pajanm fè mal.

8. **kage** — Tanzantan yon moun nan kay la kage chèz li anba pye kenèp la.

9. **gen** — Bò lakay mwen, gen yon pye kenèp.

Sèvi ak Mo Nouvo - Leson 9 -Yon Pye Kenèp Mal -Vokabilè

Non: ______________________________ Klas: ___________ Dat: __________

Konplete chak fraz avèk mo ki kòrèk la.

labriz diswa	lonbraj	poukisa	lajounen	pajanm	zòrèy
Kenèp	sa	Tanzantan	lakay	frechè	

1. Li ____________________________fè mal.
2. ____________________________ yon moun nan kay la kage chèz li anba pye kenèp la.
3. Men ____________________________ moun ap joure li?
4. Bò _________________________mwen, gen yon pye kenèp.
5. Yon ti kay ki tou pre li resevwa bon jan ____________________ak lonbraj.
6. Se yon ________________________mal.
7. Se tout ______________________moun ap joure pyebwa a.
8. Nou pa renmen _____________________?
9. Yon ti kay ki tou pre li resevwa bon jan frechè ak ____________________.
10. Lè labriz diswa ap soufle nan mitan fèy li yo, gen yon bèl mizik ki rive nan ________________________nou.
11. Lè _______________ap soufle nan mitan fèy li yo, gen yon bèl mizik ki rive nan zòrèy nou

Fraz Gaye - Leson 9 -Yon Pye Kenèp Mal - Vokabilè

Non: ______________________ Klas: __________ Dat: ___________

Fraz sa yo mele. Reranje yo pou yo ka fè sans. Sonje kòmansman ak finisman fraz yo.

1. kay resevwa ti tou Yon ki li ak pre lonbraj. bon jan frechè.

2. tout Se joure ap a. moun pyebwa lajounen.

3. labriz bèl soufle ap nan nan Lè li mizik zòrèy nou. yo, rive gen yon fèy mitan ki diswa.

4. joure li? moun poukisa Men ap.

5. Lè zòrèy ki yon rive soufle bèl fèy nan mizik yo, labriz ap mitan li nan gen nou. diswa.

6. mal. pajanm Li fè.

7. mal. Se kenèp yon.

8. pa sa? renmen Nou.

9. lakay mwen, kenèp. Bò yon pye gen.

10. yon nan kay anba Tanzantan kenèp pye chèz moun kage la. la li.

11. ti ki ak kay lonbraj. li tau Yon pre resevwa ban frechè jan.

Paj Revizyon - Leson 9 - Yon Pye Kenèp Mal - Vokabilè

Non: ______________________ Klas: ______________ Dat: ___________

Sèvi ak mo ki souliye yo pou ekri pwòp fraz pa w.

1. **Zorèy** — Lè labriz diswa ap soufle nan mitan fèy li yo, gen yon bèl mizik ki rive nan zòrèy nou.

____

2. **lonbraj** — Yon ti kay ki tou pre li resevwa bon jan frechè ak lonbraj.

____

3. **pajanm** — Li pajanm fè mal.

____

4. **kenèp** — Se yon kenèp mal.

____

5. **labriz diswa** — Lè labriz diswa ap soufle nan mitan fèy li yo, gen yon bèl mizik ki rive nan zòrèy nou.

____

6. **frechè** — Yon ti kay ki tou pre li resevwa bon jan frechè ak lonbraj.

____

7. **sa** — Nou pa renmen sa?

____

8. **lajounen** — Se tout lajounen moun ap joure pyebwa a.

____

9. **lakay** — Bò lakay mwen, gen yon pye kenèp.

____

10. **poukisa** — Men poukisa moun ap joure li?

____

11. **Tanzantan** — Tanzantan yon moun nan kay la kage chèz li anba pye kenèp la.

____

Aktivite Leson 10

Sèvi ak Mo Nouvo - Leson 10 - Aparans E Karakte Moun - Vèb ak ekspresyon

Non: ______________________ Klas: ______________ Dat: ___________

Konplete chak fraz avèk mo ki kòrèk la.

gen moun anraje	gen moun	di	pale klè	gen
kenbe	gen moun tèt drèt	pale	deraye	

1. Pwovèb kreyòl la ___________________ : "Tout moun se moun, men tout moun pa menm"
2. Moun tèt drèt la ______________________kou dlo kòk.
3. Moun anraje a, lè li ______________________ se kenbe pou yo kenbe li.
4. Sou latè _________________ tout kalite moun.
5. Nan tout peyi, Amerik oubyen Ewòp, Azi, Afrik oubyen Ostrali, gen moun fou, _______________.
6. Moun fou a ______________________, men pifò pawòl li di depaman youn ak lòt.
7. ______________________ ki dousman, ki parese; konsa tou gen moun ki aktif, ki travayan.
8. Men, ______________________ tou.
9. Moun anraje a, lè li deraye se ______________________ pou yo kenbe li.

Fraz Mele - Leson 10 - Aparans E Karaktè Moun - Vèb ak ekspresyon

Non: ______________________ Klas: ______________ Dat: ___________

Fraz sa yo mele. Reranje yo pou yo ka fè sans. Sonje kòmansman ak finisman fraz yo.

1. anraje li lè a, Moun deraye se pou yo li. kenbe kenbe.

2. yo anraje se Moun a, li kenbe kenbe li. deraye pou lè.

3. fou pifò pawòl a Moun men depaman ak lòt. pale, di youn li.

4. menm". pa tout moun, moun kreyòl di: moun se men Pwovèb "Tout la

5. tout kalite moun. gen Sou latè.

6. gen tou. moun Men, anraje.

7. dlo tèt la drèt klè Moun kou kòk. pale.

8. ki moun aktif, ki gen moun ki dousman, konsa parese; travayan. tou Gen ki.

9. gen tout oubyen Ostrali, moun fou, Amerik Afrik drèt. Ewòp, Nan Azi, peyi, oubyen gen tèt moun

Paj Revizyon - Leson 10 - Aparans E Karakte Moun - Vèb ak ekspresyon

Non: ______________________ Klas: ______________ Dat: ___________

Sèvi ak mo ki souliye yo pou ekri pwòp fraz pa w.

1. **gen moun anraje**	Men, gen moun anraje tou.
2. **pale**	Moun fou a pale, men pifò pawòl li di depaman youn ak lòt.
3. **di**	Pwovèb kreyòl la di: "Tout moun se moun, men tout moun pa menm".
4. **gen**	Sou latè gen tout kalite moun.
5. **gen moun tèt drèt**	Nan tout peyi, Amerik oubyen Ewòp, Azi, Afrik oubyen Ostrali, gen moun fou, gen moun tèt drèt.
6. **pale klè**	Moun tèt drèt la pale klè kou dlo kòk.
7. **kenbe**	Moun anraje a, lè li deraye se kenbe pou yo kenbe li.
8. **deraye**	Moun anraje a, lè li deraye se kenbe pou yo kenbe li.
9. **Gen moun**	Gen moun ki dousman, ki parese; konsa tou gen moun ki aktif, ki travayan.

Sèvi ak Mo Nouvo - Leson 10 - Aparans E Karaktè Moun - Vokabilè

Non: ________________________Klas: ______________ Dat: ___________

Konplete chak fraz avèk mo ki kòrèk la

Moun	dlo kòk	depaman	latè	Pwovèb	anraje
travayan	Ostrali	mens			

1. Men, gen moun ____________________ tou.
2. Nan tout peyi, Amerik oubyen Ewòp, Azi, Afrik oubyen ____________ gen moun fou, gen moun tèt drèt.
3. ________________________ anraje a, lè li deraye se kenbe pou yo kenbe li.
4. Gwo moun, moun _________________ , moun mèg, moun gra ekt ...
5. Gen moun ki dousman, ki parese; konsa tou gen moun ki aktif, ki __________________.
6. ___________________ kreyòl la di: "Tout moun se moun, men tout moun pa menm".
7. Moun tèt drèt la pale klè kou ______________________.
8. Sou ___________________ gen tout kalite moun.
9. Moun fou a pale, men pifò pawòl li di __________________ youn ak lòt.

Fraz Gaye - Leson 10 - Aparans E Karaktè Moun - Vokabilè

Non: ______________________ Klas: ______________ Dat: ___________

Fraz sa yo mele. Reranje yo pou yo ka fè sans. Sonje kòmansman ak finisman fraz yo.

1. pale, Moun youn fou a men pawòl lòt. pifò li depaman ak di.

2. moun. kalite latè Sou tout gen.

3. moun, mens, Gwo moun ekt... moun mèg, moun gra.

4. kreyòl la moun, men di: pa "Tout se moun moun Pwovèb menm". tout.

5. kenbe deraye a, anraje Moun li lè pou kenbe li. se yo.

6. tout fou, drèt. gen Amerik Azi, gen tèt Ewòp, Afrik oubyen Nan oubyen peyi, Ostrali, moun moun.

7. ki parese; moun dousman, tou ki Gen konsa gen travayan. moun aktif, ki ki.

8. anraje Men, gen tou. moun

9. Moun drèt kou kòk. tèt pale dlo la klè.

Paj Revizyon - Leson 10 - Aparans E Karaktè Moun - Vokabilè

Non: ______________________ Klas: ______________ Dat: ___________

Sèvi ak mo ki souliye yo pou ekri pwòp fraz pa w.

1. **mens** Gwo moun, moun mens, moun mèg, moun gra ekt.

2. **depaman** Moun fou a pale, men pifò pawòl li di depaman youn ak lòt.

3. **travayan** Gen moun ki dousman, ki parese; konsa tou gen moun ki aktif, ki travayan.

4. **latè** Sou latè gen tout kalite moun.

5. **Pwovèb** Pwovèb kreyòl la di: "Tout moun se moun, men tout moun pa menm".

6. **Moun** Moun anraje a, lè li deraye se kenbe pou yo kenbe li.

7. **anraje** Men, gen moun anraje tou.

8. **dlo kòk** Moun tèt drèt la pale klè kou dlo kòk.

9. **Ostrali** Nan tout peyi, Amerik oubyen Ewòp, Azi, Afrik oubyen Ostrali, gen moun fou, gen moun tèt drèt.

Aktivite Leson 11

Sèvi ak Mo Nouvo - Leson 11 - Yon Lèt Bay Manman Mwen - Vèb

Non: ______________________ Klas: ______________ Dat: ___________

Konplete chak fraz avèk mo ki kòrèk la.

Ye	renmen	ekri	Ban	priye	fè	koze
rache	sonje	Petyonvil	konnen	rete	Pote	

1. Mwen pa ______________ ni jou ni mwa, ni ane, yon sèl bagay, soulajman w pa twò lwen.
2. Men mwen konnen sa _____________________ ou tris.
3. Sa fè lontan depi nou pa _____________________.
4. Tanpri, toujou sonje mwen ____________________ w anpil!
5. Mwen __________________ ou anpil.
6. Manman cheri mwen, kijan ou ____________________?
7. ______________________ tout fado w yo ak bon jan kouraj.
8. Se avèk yon gwo lakontantman, mwen pran plim mwen pou mwen_____________ ou.
9. Se chak jou nanm mwen louvri byen laj devan Bondye pou _________________pou ou.
10. ______________________, 26 avril 1993.
11. Men manman, ou mèt sèten, kè mwen _________________________ tou pre kè ou.
12. Mwen menm, kè mwen ap _____________________.
13. ________________________ mwen nouvèl tout lòt moun yo nan Nouyòk?

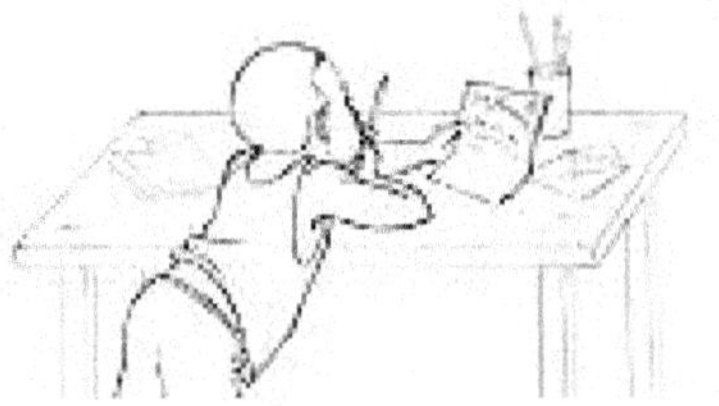

Fraz Gaye - Leson 11 -Yon Lèt Bay Manman Mwen - Vèb

Non: ______________________ Klas: _____________ Dat: __________

Fraz sa yo mele. Reranje yo pou yo ka fè sans. Sonje kòmansman ak finisman fraz yo.

1. ekri plim avèk Se lakontantman, mwen pran yon pou mwen ou. gwo mwen.

2. Ban mwen Nouyòk? nan moun nouvèl tout lòt yo.

3. rache. menm, kè Mwen mwen ap.

4. ou anpil. Mwen sonje.

5. devan mwen chak ou. nanm pou louvri laj jou Se Bondye priye byen pou.

6. w Pote fado tout ak kouraj. yo jan bon.

7. koze. Sa pa lontan depi fè nou.

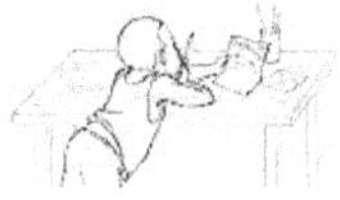

8. avril 1993 Petyonvil, 26.

9. tris. mwen Men konnen fè ou sa.

10. Men manman, sèten, kè mèt mwen pre ou. kè tou rete ou.

11. cheri mwen, kijan Manman ye? ou.

12. twò ni konnen bagay, sèl jou pa w ni mwa, lwen. ni yon ane, soulajman pa Mwen.

13. toujou renmen sonje mwen anpil! Tanpri, w.

Paj Revizyon - Leson 11 - Yon Lèt Bay Manman Mwen - Vèb

Non: ________________________ Klas: _______________ Dat: ____________

Sèvi ak mo ki souliye yo pou ekri pwòp fraz pa w.

1. **priye** Se chak jou nanm mwen louvri byen laj devan Bondye pou priye pou ou.

2. **rete** Men manman, ou mèt sèten, kè mwen rete tou pre kè ou.

3. **ye** Manman cheri mwen, kijan ou ye ?

4. **ekri** Se avèk yon gwo lakontantman, mwen pran plim mwen pou mwen ekri ou.

5. **Ban** Ban mwen nouvèl tout lòt moun yo nan Nouyòk?

6. **koze** fè lontan depi nou pa koze.

7. **konnen** Mwen pa konnen ni jou ni mwa, ni ane, yon sèl bagay, soulajman w pa twò lwen.

8. **renmen** Tanpri, toujou sonje mwen renmen w anpil!

9. **fè** Men mwen konnen sa fè ou tris.

10. **Petyonvil** Petyonvil, 26 avril 1993

11. **rache** Mwen menm, kè mwen ap rache.

12. **Pote** Pote tout fado w yo ak bon jan kouraj.

13. **sonje** Mwen sonje ou anpil.

Sèvi ak Mo Nouvo - Leson 11 - Yon Lèt Bay Manman Mwen - Vokabilè

Non: ______________________ Klas: ______________ Dat: ___________

Konplete chak fraz avèk mo ki kòrèk la.

Petyonvil	cheri	lakontantman	tout moun	tris
Bondye	Tanpri	nouvèl	sèten	anpil
Pitit gason	fado	soulajman	lontan	Mwen menm

1. Men mwen konnen sa fè ou ______________________ .
2. ______________________ ou, BIBI.
3. Se chak jou nanm mwen louvri byen laj devan ______________________ pou priye pou ou.
4. Sa fè ______________________ depi nou pa koze.
5. Ban mwen ______________________ tout lòt moun yo nan Nouyòk?
6. Mwen pa konnen ni jou ni mwa, ni ane, yon sèl bagay, ______________________ w pa twò lwen.
7. Se avèk yon gwo______________________, mwen pran plim mwen pou mwen ekri ou.
8. Pote tout ______________________ w yo ak bon jan kouraj.
9. Mwen ta renmen pou ou bò kote mwen. Di ______________________ mwen renmen yo anpil.
10. Men manman, ou mèt ______________________ , kè mwen rete tou pre kè ou.
11. Manman ______________________ mwen, kijan ou ye?
12. ______________________, toujou sonje mwen renmen w anpil!

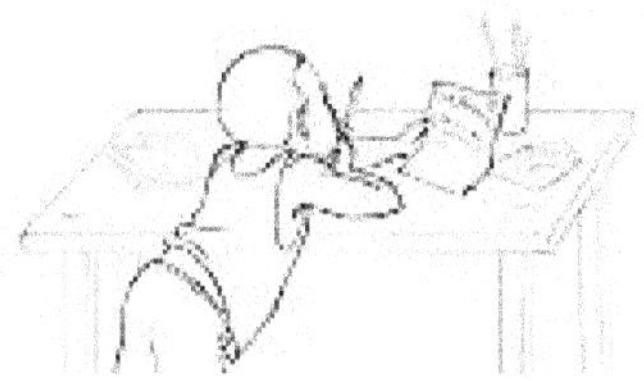

13. Mwen sonje ou ______________________ .
14. _________ , kè mwen ap rache.
15. ______________________, 26 avril 1993

Fraz Gaye - Leson 11 - Yon Lèt Bay Manman Mwen - Vokabilè

Non: ______________________ Klas: _____________ Dat: ___________

Fraz sa yo mele. Reranje yo pou yo ka fè sans. Sonje kòmansman ak finisman fraz yo.

1. Manman kijan mwen, cheri ye? ou

2. chak nanm louvri Se pou byen Bondye devan jou pou ou. mwen laj priye

3. renmen yo ta pou anpil. mwen mwen. renmen bò kote Mwen ou tout Di moun

4. mwen w anpil! toujou renmen sonje Tanpri,

5. Sa koze. nou lontan fè depi pa

6. mwen nan moun Nouyòk? nouvèl yo tout lòt Ban

7. anpil. Mwen ou sonje

8. ou. manman, mwen mèt pre rete kè sèten, Men kè ou tou

9. jou soulajman lwen. w pa ni konnen mwa, pa ni ni yon Mwen ane, bagay, sèl twò

10. kouraj. w tout Pote bon yo ak fado jan

11. ap menm, kè rache. Mwen mwen

12. lakontantman, avèk pran gwo ou. mwen plim yon pou mwen Se mwen ekri

13. 1993 Petyonvil, 26 avril

14. ou, BIBI gason Pitit

15. mwen Men konnen tris. fè ou sa

Paj Revizyon-Leson 11 - Yon Lèt Bay Manman Mwen - Vokabilè

Non: ______________________ Klas: ______________ Dat: ___________

Sèvi ak mo ki souliye yo pou ekri pwòp fraz pa w.

1. **nouvèl** Ban mwen nouvèl tout lòt moun yo nan Nouyòk?

2. **Pitit gason** Pitit gason ou, BIBI

3. **lakontantman** Se avèk yon gwo lakontantman, mwen pran plim mwen pou mwen ekri ou

4. **Tanpri** Tanpri, toujou sonje mwen renmen w anpil!

5. **lontan** Sa fè lontan depi nou pa koze.

6. **Petyonvil** Petyonvil, 26 avril 1993

7. **tout moun** Mwen ta renmen pou ou bò kote mwen. Di tout moun mwen renmen yo anpil

8. **cheri** Manman cheri mwen, kijan ou ye?

9. **Mwen menm** Mwen menm, kè mwen ap rache.

10. **fado** Pote tout fado w yo ak bon jan kouraj.

11. **tris** Men mwen konnen sa fè ou tris.

12. **Bondye** Se chak jou nanm mwen louvri byen laj devan Bondye pou priye pou ou.

13. **sèten** Men manman, ou mèt sèten, kè mwen rete tou pre kè ou.

14. **anpil** Mwen sonje ou anpil.

15. **soulajman** Mwen pa konnen ni jou ni mwa, ni ane, yon sèl bagay, soulajman w pa twò lwen.

Aktivite Leson 12

Sèvi ak Mo Nouvo - Leson 12 - Nan Lopital - Vèb ak ekspresyon

Non: ______________________ Klas: ______________ Dat: ___________

Konplete chak fraz avèk mo ki kòrèk la.

Kouche	se akoz	vizite	gen	sa di anpil
ale	fè	soufri	wè	Ganyen

1. Pafwa lè ou ______________________ moun yo ou gen lapenn.
2. Ganyen ki __________________________ akoz aksidan.
3. Fòk ou ________________________ kè ak anpil kouraj.
4. Ganyen ____________________________ malnitrisyon, oubyen tibèkiloz.
5. Li pa fasil pou _______________________ yon lopital.
6. Ganyen lòt se akoz enpridans ki fè yo ______________ nan òtopedi oubyen chiriji apre yon grav aksidan.
7. Ganyen lòt se akoz enpridans ki____________________ yo ale nan òtopedi oubyen chiriji apre yon grav aksidan.
8. Gen moun k'ap _____________________ tout jan.
9. Nan youn ou lòt ka, __________________pou wè yon zantray ki ap soufri.
10. ______________________ se akoz malnitrisyon, oubyen tibèkiloz.

Fraz Mele - Leson 12 - Nan Lopital - Vèb ak ekspresyon

Non: ________________________ Klas: ______________ Dat: ___________

Fraz sa yo mele. Reranje yo pou yo ka fè sans. Sonje kòmansman ak finisman fraz yo.

1. kouche ki aksidan. akoz Ganyen

2. Pafwa lapenn. wè ou lè yo ou moun gen

3. pa fasil vizite yon pou lopital. Li

4. oubyen enpridans lòt ki apre se akoz òtopedi ale aksidan. chiriji fè grav yo yon nan Ganyen

5. se akoz Ganyen oubyen tibèkiloz. malnitrisyon,

6. Ganyen tibèkiloz. se oubyen malnitrisyon, akoz

7. ou Fòk anpil kè kouraj. gen ak

8. lòt apre òtopedi se enpridans fè yo nan Ganyen oubyen yon aksidan. grav ale chiriji ki akoz

9. pou zantray youn ap ou soufri. lòt sa ka, ki wè anpil di Nan yon

10. moun tout soufri jan. k'ap Gen

Paj Revizyon - Leson 12 - Nan Lopital - Vèb ak ekspresyon

Non: ______________________ Klas: _____________ Dat: ___________

Sèvi ak mo ki souliye yo pou ekri pwòp fraz pa w.

1. **Vizite** Li pa fasil pou vizite yon lopital.

2. **Ganyen** Ganyen se akoz malnjtrisyon, oubyen tibèkiloz.

3. **soufri** Gen moun k'ap soufri tout jan.

4. **se akoz** Ganyen se akoz malnitrisyon, oubyen tibèkiloz.

5. **ale** Ganyen lòt se akoz enpridans ki fè yo ale nan òtopedi oubyen chiriji apre yon grav aksidan.

6. **kouche** Ganyen ki kouche akoz aksidan.

7. **gen** Fòk ou gen kè ak anpil kouraj.

8. **fè** Ganyen lòt se akoz enpridans ki fè yo ale nan òtopedi oubyen chiriji apre yon grav aksidan.

9. **wè** Pafwa lè ou wè moun yo ou gen lapenn.

10. **sa di anpil** Nan youn ou lòt ka, sa di anpil pou wè yon zantray ki ap soufri.

Sèvi ak Mo Nouvo - Leson 12 - Nan Lopital - Vokabilè

Non: ______________________ Klas: ______________ Dat: ___________

Konplete chak fraz avèk mo ki kòrèk la.

Moun	tibèkiloz	zantray	lopital	kouraj
enpridans	Chiriji	lapenn	òtopedi	malnitrisyon
aksidan				

1. Pafwa lè ou wè moun yo ou gen ______________________ .
2. Ganyen lòt se akoz ______________________ ki fè yo ale nan òtopedi oubyen chiriji apre yon grav aksidan.
3. Ganyen ki kouche akoz ______________________ .
4. Nan youn ou lòt ka, sa di anpil pou wè yon ____________________ ki ap soufri.
5. Ganyen se akoz malnitrisyon, oubyen ____________________ .
6. Ganyen se akoz ______________________, oubyen tibòkiloz.
7. Fòk ou gen kè ak anpil ________________.
8. Ganyen lòt se akoz enpridans ki fè yo ale nan ________________oubyen chiriji apre yon grav aksidan.
9. Ganyen lòt se akoz enpridans ki fè yo ale nan òtopedi oubyen ______________ apre yon grav aksidan.
10. Li pa fasil pou vizite yon ________________________.
11. Gen ____________________ k'ap soufri tout jan.

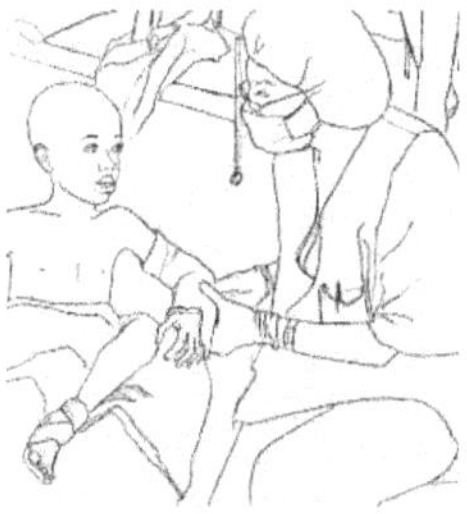

Fraz Mele - Leson 12 - Nan Lopital - Vokabilè

Non: ______________________ Klas: ______________ Dat: ________

Fraz sa yo mele. Reranje yo pou yo ka fè sans. Sonje kòmansman ak finisman fraz yo.

1. Ganyen akoz malnitrisyon, se tibèkiloz. Oubyen

2. Ganyen ki kouche aksidan. akoz

3. lò lapenn. ou moun yo wò Pafwa ou gen

4. ak kouraj. gen ou Fòk kè anpil

5. oubyen se Ganyen tibèkiloz. akoz malnitrisyon,

6. lòt chiriji nan Ganyen fè yon grav ale se oubyen apre enpridans òtopedi aksidan. akoz yo ki

7. youn di pou ap lòt yon wè sa zantray soufri. ou anpil ki ka, Nan

8. lòt akoz apre ki yo aksidan. fè yon nan òtopedi enpridans ale chiriji se oubyen Ganyen grav

9. lopital. fasil pa vizite yon pou Li

10. tout Gen soufri jan. moun k'ap

11. aksidan. lòt grav se chiriji enpridans ki ale oubyen yo Ganyen òtopedi nan fè akoz apre yon

Paj Revizyon- Leson 12 - Nan Lopital -Vokabilè

Non: ______________________ Klas: ______________ Dat: __________

Sèvi ak mo ki souliye yo pou ekri pwòp fraz pa w.

1. **lapenn** Pafwa lò ou wò moun yo ou gen lapenn.

2. **zantray** Nan youn ou lòt ka, sa di anpil pou wè yon zantray ki ap soufri.

3. **moun** Gen moun k'ap soufri tout jan.

4. **enpridans** Ganyen lòt se akoz enpridans ki fè yo ale nan òtopedi oubyen chiriji apre yon grav aksidan.

5. **tibèkiloz** Ganyen se akoz malnitrisyon, oubyen tibèkiloz.

6. **chiriji** Ganyen lòt se akoz enpridans ki fè yo ale nan òtopedi oubyen chiriji apre yon grav aksidan.

7. **otopedi** Ganyen lòt se akoz enpridans ki fè yo ale nan òtopedi oubyen chiriji apre yon grav aksidan.

8. **lopital** Li pa fasil pou vizite yon lopital.

9. **aksidan** Ganyen ki kouche akoz aksidan.

10. **malnitrisyon** Ganyen se akoz malnitrisyon, oubyen tibòkiloz.

11. **kouraj** Fòk ou gen kè ak anpil kouraj.

Aktivite Leson 13

Rechèch Mo - Leson 13 - Yon Ti Tonèl - Vèb ak ekspresyon

Non:________________________ Klas: _______________ Dat: ____________

Eseye jwenn mo ki kache yo.

V	M	L	Q	S	Z	Q	C	L	D	W	Z	I	E	V	T	W	Y
S	C	V	S	E	P	A	V	R	E	A	M	B	K	G	I	R	E
E	B	F	V	J	S	H	W	B	L	M	W	S	E	O	V	L	O
V	O	T	Y	X	U	Z	Q	U	P	I	D	U	R	F	E	T	E
I	S	T	C	Q	I	L	X	T	F	R	M	Y	W	M	H	Q	S
A	K	R	O	N	A	P	Z	U	Y	A	A	V	Y	D	K	Z	A
K	Q	V	Z	H	B	T	N	G	K	M	L	M	L	L	G	I	J
C	Z	Y	G	M	J	K	R	J	C	Y	G	O	T	X	M	O	R
M	J	C	X	M	H	G	O	E	S	G	R	S	U	W	G	S	J
S	O	R	V	O	E	S	B	W	S	S	E	C	C	I	N	B	L
R	G	G	T	N	L	T	C	F	M	E	S	J	P	V	A	Z	K
Q	S	E	A	A	L	G	P	F	T	P	A	M	T	F	G	Z	Z
Y	B	Y	N	T	M	I	O	S	T	A	F	H	E	A	Z	R	H
G	A	D	V	O	B	F	M	T	B	U	W	C	B	K	J	L	W
G	B	L	M	M	J	E	K	J	L	I	E	Z	I	Q	T	E	Y
U	Y	L	H	E	V	X	H	V	H	F	H	R	X	Y	O	A	H
F	W	D	Q	P	T	Z	M	Y	U	A	U	W	J	S	M	Q	Z
R	I	O	E	U	J	O	M	A	O	A	P	C	Y	E	M	A	E

<u>Chwazi nan mo sa yo:</u>

gen	se pa	fèt	Se	fè
Sèvi ak	Se pa vre	trese	Malgre sa	

Sèvi ak Mo Nouvo - Leson 13 - Yon Ti Tonèl - Vèb ak ekspresyon

Non: ______________________ Klas: ____________ Dat: _________

Konplete chak fraz avèk mo ki kòrèk la.

fè	fèt	trese	sèvi ak	Se	Malgre sa
sèvi ak	se pa	Se pa vre			

1. Malerezman se kay solèy, ______________________ kay lapli.
2. Li ___________________ ak pay kokoye ki trese tribò babò.
3. _______________, tonèl la pi bon pase anyen ditou. Se pa vre?
4. Anpil fwa lè pa gen bwa solid tankou chenn oubyen kajou, bòs yo_________ gonmye.
5. Li fèt ak pay kokoye ki ________________tribò babò.
6. Se yon gwo travay pou ____________ yon tonèl.
7. Malgre sa, tonèl la pi bon pase anyen ditou. ______________ ?.
8. ____________yon gwo travay pou fè yon tonèl.
9. Anpil fwa lè pa gen bwa solid tankou chenn oubyen kajou, bòs yo ______________ gonmye.

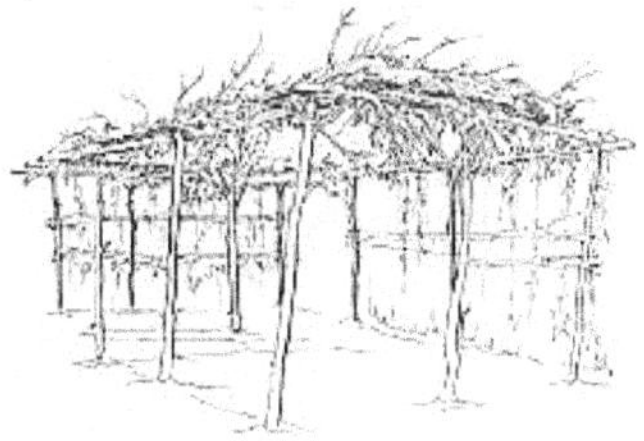

Fraz Mele - Leson 13 - Yon Ti Tonèl - Vèb ak ekspresyon

Non: ______________________ Klas: ____________ Dat: ___________

Fraz sa yo mele. Reranje yo pou yo ka fè sans. Sonje kòmansman ak finisman fraz yo.

1. Se sa, la bon ditou. anyen vre? pase pa tonèl pi Malgre

2. pay Li fèt kokoye ki tribò babò. trese ak

3. gonmye. yo ak fwa kajou, gen bòs pa lè solid chenn oubyen Anpil tankou bwa sèvi

4. kay Malerezman lapli. kay se solèy, pa se

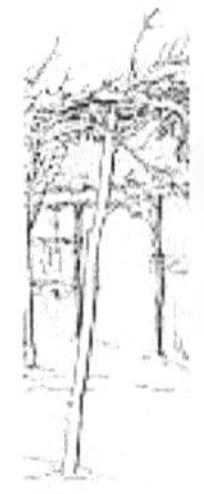

5. pase Malgre sa, la Se tonèl ditou. pa anyen pi vre? bon

6. yon fè travay yon gwo tonèl. pou Se

7. fèt Li ki kokoye babò. pay ak trese tribò

8. chenn kajou, tankou lè sèvi fwa gen Anpil gonmye. pa oubyen ak yo bwa solid bòs

9. yon yon pou tonèl. gwo Se fè travay

Paj Revizyon- Leson 13 - Yon Ti Tonèl -Vèb ak ekspresyon

Non: ____________________ Klas: ____________ Dat: ___________

Sèvi ak mo ki souliye yo pou ekri pwòp fraz pa w.

1. **Se pa vre** Malgre sa, tonèl la pi bon pase anyen ditou. Se pa vre?

2. **fè** Se yon gwo travay pou fè yon tonèl.

3. **fèt** Li fèt ak pay kokoye ki trese tribò babò.

4. **sèvi ak** Anpil fwa lè pa gen bwa solid tankou chenn oubyen kajou, bòs yo sèvi ak gonmye.

5. **sèvi ak** Anpil fwa lè pa gen bwa solid tankou chenn oubyen kajou, bòs yo sèvi ak gonmye.

6. **Malgre sa** Malgre sa, tonèl la pi bon pase anyen ditou. Se pa vre?

7. **trese** Li fèt ak pay kokoye ki trese tribò babò.

8. **se pa** Malerezman se kay solèy, se pa kay lapli.

9. **Se** Se yon gwo travay pou fè yon tonèl.

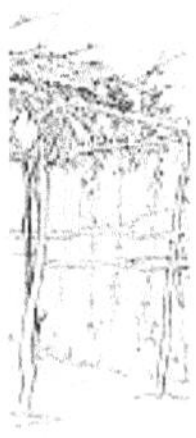

Sèvi ak Mo Nouvo - Leson 13 - Yon Ti Tonèl -Vokabilè

Non: ______________________ Klas: _____________ Dat: ___________

Konplete chak fraz avèk mo ki kòrèk la.

anyen ditou	tribò babò	kajou	pay	Malerezman
Gonmye	tonèl	solid	kokoye	kokoye
Anpil fwa	chenn	travay		

1. Anpil fwa lè pa gen bwa solid tankou chenn oubyen kajou, bòs yo sèvi ak ______________.
2. Se yon gwo travay pou fè yon ________________________.
3. Anpil fwa lè pa gen bwa solid tankou chenn oubyen ____________, bòs yo sèvi ak gonmye.
4. _______________ lè pa gen bwa solid tankou chenn oubyen kajou, bòs yo sèvi ak gonmye.
5. Li fèt ak pay ________________________ ki trese tribò babò.
6. Anpil fwa lè pa gen bwa solid tankou ____________ oubyen kajou, bòs yo sèvi ak gonmye.
7. _______________________ se kay solèy, se pa kay lapli.
8. Li fèt ak __________________________ kokoye ki trese tribò babò.
9. Anpil fwa lè pa gen bwa _____________ tankou chenn oubyen kajou, bòs yo sèvi ak gonmye.
10. Li fèt ak ____________________ kokoye ki trese tribò babò
11. Malgre sa, tonèl la pi bon pase ______________________. Se pa vre?
12. Se yon gwo ___________________________ pou fè yon tonèl.
13. Li fèt ak pay kokoye ki trese ___________________________.

Fraz Mele - Leson 13 - Yon Ti Tonèl - Vokabilè

Non: ______________________ Klas: _____________ Dat: __________

Fraz sa yo mele. Reranje yo pou yo ka fè sans. Sonje kòmansman ak finisman fraz yo.

1. Anpil fwa yo ak gen pa bwa gonmye. solid sèvi tankou chenn oubyen bòs kajou, lè

2. ki pay babò. fèt ak kokoye tribò trese Li

3. fèt babò. kokoye pay ki trese ak Li tribò

4. chenn ak fwa gen pa tankou bwa yo lè Anpil oubyen bòs kajou, sèvi gonmye. solid

5. yon yon travay tonèl. gwo fè Se pou.

6. gonmye. yo ak fwa pa Anpil chenn kajou, lè tankou bwa gen oubyen solid bòs sèvi

7. fwa solid yo lè bwa ak chenn kajou, gonmye. oubyen gen pa bòs tankou Anpil sèvi

8. kay se solèy, Malerezman se pa lapli. kay

9. fèt ak babò. kokoye Li pay trese ki tribò

10. fwa pa bwa gonmye. bòs kajou, tankou chenn Anpil ak gen lè solid yo oubyen sèvi

11. pi sa, pase ditou. la bon tonèl anyen vre? pa Se Malgre

12. fèt pay ki trese ak babò. tribò Li kokoye

13. Se gwo yon yon fè tonèl. travay pou

Paj Revizyon - Leson 13 - Yon Ti Tonèl -Vokabilè

Non: ______________________ Klas: _______________ Dat: ____________

Sèvi ak mo ki souliye yo pou ekri pwòp fraz pa w.

1. **Kokoye** — Li fèt ak pay kokoye ki trese tribò babò.

2. **tonèl** — Se yon gwo travay pou fè yon tonèl.

3. **gonmye** — Anpil fwa lè pa gen bwa solid tankou chenn oubyen kajou, bòs yo sèvi ak Gonmye.

4. **chenn** — Anpil fwa lè pa gen bwa solid tankou chenn oubyen kajou, bòs yo sèvi ak gonmye.

5. **Malerezman** — Malerezman se kay solèy, se pa kay lapli.

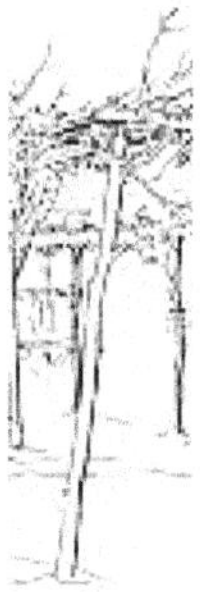

6. **tribò babò** — Li fèt ak pay kokoye ki trese tribò babò.

7. **Anpil fwa** — Anpil fwa lè pa gen bwa solid tankou chenn oubyen kajou, bòs yo sèvi ak Gonmye.

8. **travay** — Se yon gwo travay pou fè yon tonèl.

9. **solid** — Anpil fwa lè pa gen bwa solid tankou chenn oubyen kajou, bòs yo sèvi ak gonmye.

10. **kajou** — Anpil fwa lè pa gen bwa solid tankou chenn oubyen kajou, bòs yo sèvi ak gonmye

11. **pay** — Li fèt ak pay kokoye ki trese tribò babò.

12. **kokoye** — Li fèt ak pay kokoye ki trese tribò babò.

13. **anyen ditou** — Malgre sa, tonèl la pi bon pase anyen ditou. Se pa vre?

Aktivite Leson 14

Rechèch Mo - Leson 14 - Bòs Fòmann - Vèb ak ekspresyon

Non: ______________________ Klas: ______________ Dat: ___________

Eseye jwenn mo ki kache yo.

P	I	G	W	O	M	O	S	O	D	R	H	C	T	C	Q	Y	L	J	M
T	K	O	C	G	L	F	I	G	Z	Y	N	A	Y	A	A	J	E	E	M
H	W	G	O	W	O	I	P	A	S	E	V	W	V	B	F	J	L	Q	G
R	P	K	N	K	U	W	E	V	Y	J	C	H	C	N	Y	F	R	Z	X
I	V	G	O	M	L	E	V	V	L	Q	H	O	N	M	D	R	S	I	G
M	Z	K	Q	G	D	I	I	G	R	T	R	F	P	B	D	P	C	X	P
F	P	D	G	L	S	Y	Z	Z	V	N	B	D	L	F	Q	B	J	B	C
A	V	E	L	W	W	X	E	F	W	T	E	Z	C	R	B	A	K	I	A
Y	W	W	S	R	P	N	T	J	L	W	Z	S	Y	V	H	X	U	Z	R
R	V	C	X	F	C	T	Z	F	S	O	W	R	P	G	K	H	Q	R	H
Q	Q	L	J	C	D	X	I	D	D	W	E	B	M	Q	B	N	Q	F	G
K	F	B	V	O	U	R	Q	H	D	O	N	A	J	R	B	K	K	J	P
K	L	S	K	L	R	B	E	D	Q	Y	D	T	I	A	Y	E	X	U	C
U	O	J	H	A	J	H	U	T	Y	J	E	I	O	Y	G	C	A	D	R
J	F	B	N	O	L	Y	U	N	E	J	D	K	D	J	W	U	S	M	K
X	U	U	O	B	U	X	G	M	O	Z	Y	N	H	C	Z	A	R	M	E
V	N	D	O	L	W	F	X	R	L	J	H	S	Q	Q	Q	B	M	E	Y
B	K	J	U	P	B	W	O	F	Z	W	W	L	G	R	I	Z	T	G	Z
C	N	J	F	I	U	Y	T	Z	B	K	R	C	U	T	Z	G	V	Y	Z
S	B	L	V	L	J	R	W	C	R	P	R	D	D	V	W	N	D	L	W

Chwazi nan mo sa yo:

pase rete bati moso pi gwo moso
sipèvize bezwen dwe

Sèvi ak Mo Nouvo - Leson 14 - Bòs Fòmann - Vèb ak ekspresyon

Non: ______________________ Klas: _________ Dat: ___________

Konplete chak fraz avèk mo ki kòrèk la.

Bati	sipèvize	moso	pase
dwe	pi gwo moso	bezwen	rete

1. Lè chantye ap ______________________, enjenyè pa ka rete toutan sou plas.
2. Lè chantye ap bati, enjenyè pa ka ______________________ toutan sou plas.
3. Men tout travay; gwo oubyen piti, ______________________ nòmalman pase nan men ouvriye ki pi piti yo.
4. Men tout travay; gwo oubyen piti, dwe nòmalman ______ ______nan men ouvriye ki pi piti yo.
5. Li ________________ yon bon fòmann.
6. Fòmann nan la pou sipevize detay travay yo, pandan enjenyè a ap sipèvize ________________ nan travay la.
7. Fòmann nan la pou ________________________ detay travay yo.
8. Fòmann nan la pou sipèvize detay travay yo, pandan enjenyè a ap sipèvize pi gwo __________________ nan travay la.

Fraz Mele - Leson 14 - Bòs Fòmann -Vèb ak ekspresyon

Non: ______________________ Klas: __________ Dat: ___________

Fraz sa yo mele. Reranje yo pou yo ka fè sans.

1. sou plas. chantye ap Lè ka bati, rete enjenyè pa toutan

2. enjenyè bati, toutan chantye sou ap pa Lè plas. ka rete

3. bezwen yon fòmann. bon Li

4. la ap travay nan pou moso sipèvize travay gwo nan a Fòmann yo, detay enjenyè sipèvize pandan La. pi

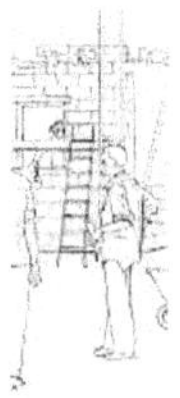

5. tout oubyen pase nòmalman piti gwo men Men dwe nan yo. piti, pi ouvriye travay; ki

6. travay pi yo, nan pou a detay travay sipèvize la. enjenyè gwo ap pandan nan la sipèvize moso Fòmann

7. dwe piti yo. tout Men pi gwo pase travay; piti, nòmalman oubyen ki nan men ouvriye

8. nan travay pou yo. la sipèvize Fòmann detay

Paj Revizyon - Leson 14 - Bòs Fòmann - Vèb ak ekspresyon

Non: ______________________ Klas: __________ Dat: ____________

Sèvi ak mo ki souliye yo pou ekri pwòp fraz pa w.

1. **Moso** — Fòmann nan la pou sipèvize detay travay yo, pandan enjenyè a ap sipèvize pi gwo moso nan travay la.

2. **Bati** — Lè chantye ap bati, enjenyè pa ka rete toutan sou plas.

3. **rete** — Lè chantye ap bati, enjenyè pa ka rete toutan sou plas.

4. **pase** — Men tout travay; gwo oubyen piti, dwe nòmalman pase nan men ouvriye ki pi piti yo.

5. **dwe** — Men tout travay; gwo oubyen piti, dwe nòmalman pase nan men ouvriye ki pi piti yo.

6. **pi gwo moso** — Fòmann nan la pou sipèvize detay travay yo, pandan enjenyè a ap sipèvize pi gwo moso nan travay la.

7. **sipèvize** — Fòmann nan la pou sipèvize detay travay yo.

8. **bezwen** — Li bezwen yon bon fòmann.

Rechèch Mo - Leson 14 - Bòs Fòmann - Vèb ak ekspresyon
Non: ______________________ Klas: __________ Dat: ___________

Eseye jwenn mo ki kache yo.

B	G	F	V	T	R	E	J	U	H	O	F	Q	P	D	T	D	P
S	S	B	Z	O	G	G	Z	Y	L	Y	Z	K	Q	B	X	U	C
I	D	Z	I	U	J	J	C	N	N	F	G	U	S	K	J	C	F
I	D	S	M	T	E	K	Y	N	C	H	X	Z	Y	U	L	N	Y
N	U	G	Y	A	W	D	Q	B	H	G	A	B	B	S	Z	Y	H
G	O	I	J	N	D	E	U	H	A	E	E	Z	U	A	M	E	W
P	C	M	A	J	Q	F	U	O	N	N	E	E	K	B	Q	N	S
R	B	M	A	B	Y	W	F	O	T	J	Z	W	X	J	M	I	O
S	V	D	L	L	I	H	H	Y	Y	E	U	N	U	A	E	Y	B
G	D	G	F	P	M	R	S	H	E	N	F	T	D	F	T	I	G
M	U	J	M	T	R	A	V	A	Y	Y	Q	R	J	E	S	X	M
J	J	Y	S	T	A	M	N	D	W	E	G	H	Z	Z	G	O	F
F	O	M	A	N	N	K	O	U	V	R	I	Y	E	Z	L	O	W
M	A	H	T	L	Z	E	U	S	X	V	A	A	O	W	K	E	U
P	B	E	H	G	F	B	B	A	O	Y	V	S	Y	D	V	D	M
L	B	X	D	E	T	A	Y	W	V	N	K	B	I	S	E	U	B
Q	X	B	N	C	R	F	E	K	D	J	S	B	S	A	L	G	J
H	I	W	Y	E	Y	U	N	Y	L	G	E	Z	Q	K	F	E	Z

Chwazi nan mo sa yo:

ouvriye	enjenyè	nòmalman	moso	toutan
travay	detay	fòmann	oubyen	chantye

Sèvi ak Mo Nouvo - Leson 14 - Bòs Fòmann - Vokabilè

Non: ______________________ Klas: ________ Dat: ___________

Mo ki nan yon fraz kapab ede w jwenn siyifikasyon yon mo ou pa konnen.

Konplete chak fraz avèk mo ki kòrèk la.

Oubyen	enjenyè	moso	toutan	fòmann	ouvriye
detay	chantye	travay	nòmalman		

1. Men tout travay; gwo oubyen piti, dwe _____________pase nan men ouvriye ki pi piti yo.
2. Fòmann nan la pou sipèvize detay travay yo, pandan enjenyè a ap sipèvize pi gwo______________ nan travay la.
3. Li bezwen yon bon ____________________.
4. Fòmann nan la pou sipèvize detay travay yo, pandan______________ap sipèvize pi gwo moso nan travay la.
5. Lè chantye ap bati, enjenyè pa ka rete __________________ sou plas.
6. Men tout travay; gwo oubyen piti, dwe nòmalman pase nan men__________ki pi piti yo.
7. Lè ___________________ ap bati, enjenyè pa ka rete toutan sou plas.
8. Men tout ____________; gwo oubyen piti, dwe nòmalman pase nan men ouvriye ki pi piti yo.
9. Men tout travay; gwo _____________ piti, dwe nòmalman pase nan men ouvriye ki pi piti yo.
10. Fòmann nan la pou sipvizè __________________ travay yo.

Fraz Mele - Leson 14 - Bòs Fòmann - Vokabilè

Non: ______________________ Klas: ____________ Dat: __________

Fraz sa yo mele. Reranje yo pou yo ka fè sans. Sonje kòmansman ak finisman fraz yo.

1. yo. nan Fòmann sipvizè detay pou la travay

2. plas. chantye Lè ap bati, ka pa rete toutan enjenyè sou

3. bezwen bon Li fòmann. yon

4. enjenyè nan la. pou sipèvizè detay yo, a travay pandan Fòmann sipèvize moso nan travay ap gwo la pi

5. nan tout gwo oubyen piti, travay; nòmalman pase ouvriye ki Men yo. dwe men piti pi

6. Men tout dwe gwo pi oubyen piti, pase men nan nòmalman ouvriye yo. travay; ki piti

7. pi ki men tout gwo travay; nòmalman piti, oubyen dwe yo. piti pase nan Men ouvriye

8. tout piti gwo oubyen piti, dwe pase men ki Men nan ouvriye travay; nòmalman yo. pi

9. la travay nan pou a detay la. pandan yo, enjenyè pi ap sipèvize Fòmann gwo travay nan moso sipèvize

10. ka chantye bati, pa ap plas. sou enjenyè rete Lè toutan

Paj Revizyon - Leson 14 - Bòs Fòmann - Vokabilè

Non: ______________________ Klas: ______________ Dat: ___________

Sèvi ak mo ki souliye yo pou ekri pwòp fraz pa w.

1. **detay** Fòmann nan la pou sipèvizè detay travay yo.

____

____

2. **enjenyè** Fòmann nan la pou sipèvizè detay travay yo, pandan enjenyè a ap sipèvize pi gwo moso nan travay la.

____

____

3. **fòmann** Li bezwen yon bon fòmann.

____

4. **ouvriye** Men tout travay; gwo oubyen piti, dwe nòmalman pase nan men ouvriye ki pi piti yo.

____

____

5. **toutan** Lè chantye ap bati, enjenyè pa ka rete toutan sou plas.

____

____

6. **moso** Fòmann nan la pou sipèvize detay travay yo, pandan enjenyè a ap sipèvize pi gwo moso nan travay la.

____

____

7. **travay** Men tout travay; gwo oubyen piti, dwe nòmalman pase nan men ouvriye ki pi piti yo.

____

____

8. **nòmalman** Men tout travay; gwo oubyen piti, dwe nòmalman pase nan men ouvriye ki pi piti yo.

____

____

9. **oubyen** Men tout travay; gwo oubyen piti, dwe nòmalman pase nan men ouvriye ki pi piti yo.

____

____

10. **chantye** Lè chantye ap bati, enjenyè pa ka rete toutan sou plas.

____

Aktivite Leson 15

Rechèch Mo - Leson 15 - Yon Travay Faktori - Vèb ak ekspresyon

Non: ______________________ Klas: _____________ Dat: ___________

Eseye jwenn mo ki kache yo.

M	X	V	J	Z	W	Z	R	L	P	R	N	T	K	Q	U	W	V	O	K
N	V	V	Q	C	J	U	M	L	L	L	H	J	P	D	Z	P	I	O	J
N	K	J	Z	Z	Q	Q	K	X	I	I	X	M	U	Q	L	G	V	J	H
T	V	P	K	S	E	N	Y	E	N	A	S	O	U	H	Q	C	U	D	E
K	T	B	N	I	B	G	Y	F	F	G	D	U	D	X	I	C	X	V	Q
W	S	B	H	E	P	H	R	E	R	Q	W	R	R	D	U	I	I	A	S
N	F	V	E	B	P	A	P	R	A	L	P	I	F	Q	X	H	D	A	I
J	Y	M	E	G	R	F	N	V	Z	W	M	G	Z	O	U	F	Q	N	Z
F	F	T	N	Z	I	C	C	T	R	A	N	R	F	U	N	V	Y	T	X
R	Z	P	E	V	T	U	S	B	Y	N	C	A	T	Z	L	G	Y	Q	B
D	M	Y	X	L	C	U	F	T	S	T	E	N	N	H	H	W	J	T	Y
P	A	X	O	J	V	K	O	T	E	D	S	G	V	B	A	C	V	J	Z
K	N	J	V	A	Z	C	V	P	Y	Y	V	O	O	P	O	S	D	R	T
Q	J	S	O	P	C	H	Y	I	S	M	Y	U	F	U	N	U	V	H	L
D	E	V	O	R	E	Y	X	D	Z	O	S	L	L	H	M	T	T	K	T
B	F	C	T	P	A	W	U	E	I	U	Q	E	D	D	B	E	R	D	S
P	E	N	E	N	T	M	T	B	T	R	A	V	A	Y	P	U	N	S	I
V	N	K	J	M	C	N	B	A	A	I	K	E	B	D	A	A	U	X	E
J	I	G	L	E	R	E	C	N	R	B	I	I	O	N	J	O	S	K	A
F	P	U	Q	Z	S	S	J	U	A	H	I	S	W	C	P	L	J	V	E

<u>**Chwazi nan mo sa yo**</u>:

fè	senyen	manje	mouri grangou
leve	devore	nan bout di	pa pral
Viv	travay	mouri	goumen

Sèvi ak Mo Nouvo - Leson 15 - Yon Travay Faktori - Vèb ak ekspresyon

Non: ________________________ Klas: _________ Dat: ___________

Konplete chak fraz avèk mo ki kòrèk la.

mouri	viv	leve	manje
devore	travay	pa pral	mouri grangou
goumen	fè	senyen	nan bout di

1. Nan travay sila a nou ___________ boul bezbòl.
2. Yo di se swa yo ___________ oubyen yo mouri.
3. Pafwa kout zegwi fin ___________ tout dwèt yo.
4. Yo ______________________ bonè.

5. Manman malad li ka________________________.
6. Yo di se swa yo viv oubyen yo ______________________.
7. Anpil nan moun k' ap travay yo ______________________.
8. Si yo pa fè li, Tidyo ak Anita ____________________________ lekòl.
9. Menm kan dwèt yo ap ______________________ yo bije fè dyòb la.
10. Yo pa byen _________________________.
11. M' ap _______________________________ nan faktori.
12. Anverite, moun sa yo se moun k' ap _______________________ ak lamizè.

Fraz Mele - Leson 15 - Yon Travay Faktori - Vèb ak ekspresyon

Non: ______________________ Klas: ________ Dat: ___________

Fraz sa yo mele. Reranje yo pou yo ka fè sans. Sonje kòmansman ak finisman fraz yo.

1. travay faktori. M' ap nan

2. Yo bonè. leve

3. se swa yo mouri. di Yo yo oubyen viv

4. pa lekòl. yo Tidyo fè li, Si pa ak Anita pral

5. boul fè a bezbòl. travay Nan sila nou

6. senyen kan dyòb dwèt bije ap Menm yo la. yo fè

7. nan moun bout di. Anpil yo nan travay k' ap

8. Pafwa fin tout yo. dwèt devore kout zegwi

9. byen Yo manje. pa

10. Manman li malad mouri grangou. ka

11. lamizè. moun goumen Anverite, sa se yo k' ap moun ak

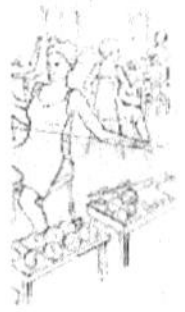

12. di mouri. Yo se swa yo viv oubyen yo

Mo Mele - Leson 15 - Yon Travay Faktori - Vèb ak ekspresyon

Non: ________________________ Klas: ________ Dat: ___________

Chak fraz gen yon mo ki mele. Demele mo a.

1. Anverite, moun sa yo se moun k' ap ____ ____ ____ ____ ____ ____ ak lamizè.
   ugomne

2. Menm kan dwèt yo ap ____ ____ ____ ____ ____ ____ yo bije fè dyòb la.
   enneys

3. Yo ____ ____ ____ ____ bonè.
   elve

4. Anpil nan moun k' ap travay yo ____ ____ ____ ____ ____ ____ ____ ____ ____.
   uobnidnta

5. Si yo pa fè li, Tidyo ak Anita ____ ____ ____ ____ ____ ____ lekòl.
   paalrp

6. Nan travay sila a nou _______ boul bezbòl.
   èf

7. Yo pa byen ____ ____ ____ ____ ____.
   neamj

8. M' ap ____ ____ ____ ____ ____ ____ nan faktori.
   Taarvy

9. Manman malad li ka ____ ____ ____ ____ ____ ____ ____ ____ ____ ____ ____ ____.
   noauorgmugri

10. Pafwa kout zegwi fin ____ ____ ____ ____ ____ ____ tout dwèt yo.
    Eeorvd

11. Yo di se swa yo viv oubyen yo ____ ____ ____ ____ ____.
    lrumo

12. Yo di se swa yo ____ ____ ____ oubyen yo mouri.
    ivv

<u>Chwazi repons ou pami mo sa yo:</u>

devore	fè	viv	pa pral
mouri	senyen	nan bout di	mouri grangou
goumen	manje	leve	travay

Paj Revizyon - Leson 15 - Yon Travay Faktori - Vèb ak ekspresyon

Non: ____________________ Klas: ______________ Dat: ____________

Sèvi ak mo ki souliye yo pou ekri pwòp fraz pa w.

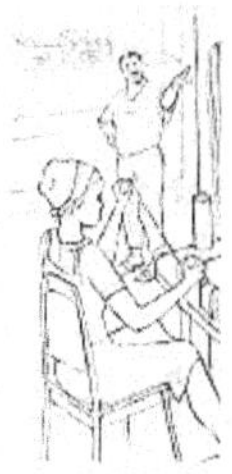

1. **pa pral** Si yo pa fè li, Tidyo ak Anita pa pral lekòl.

2. **nan bout di** Anpil nan moun k' ap travay yo nan bout di.

3. **senyen** Menm kan dwèt yo ap senyen yo bije fè dyòb la.

4. **devore** Pafwa kout zegwi fin devore tout dwèt yo.

5. **viv** Yo di se swa yo viv oubyen yo mouri.

6. **mouri** Yo di se swa yo viv oubyen yo mouri.

7. **leve** Yo leve bonè.

8. **travay** M' ap travay nan faktori.

9. **goumen** Anverite, moun sa yo se moun k' ap goumen ak lamizè.

10. **fè** Nan travay sila a nou fè boul bezbòl.

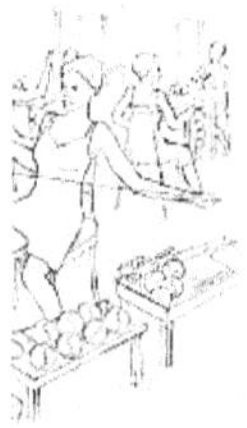

11. **manje** Yo pa byen manje.

12. **mouri grangou** Manman malad li ka mouri grangou.

Sèvi ak Mo Nouvo - Leson 15 - Yon Travay Faktori - Vokabilè

Non: ________________________ Klas: _______________ Dat: ____________

Konplete chak fraz avèk mo ki kòrèk la.

zegwi	dyòb	moun	lamizè	faktori	lekòl
oubyen	malad	bezbòl	byen	bonè	

1. Manman ___________________________ li ka mouri grangou.

2. Nan travay sila a nou fè boul _______________________.

3. Yo pa ____________________________ manje.

4. M' ap travay nan ___________________________ .

5. Anpil nan ______________________ k' ap travay yo nan bout di.

6. Yo di se swa yo viv ______________________ yo mouri.

7. Anverite, moun sa yo se moun k' ap goumen ak ____________________.

8. Si yo pa fè li, Tidyo ak Anita pa pral ___________________ lekòl.

9. Yo leve ______________________.

10. Menm kan dwèt yo ap senyen yo bije fè _______________________ la.

11. Pafwa kout _________________________ fin devore tout dwèt yo.

Fraz Mele - Leson 15 - Yon Travay Faktori - Vokabilè

Non: ______________________ Klas: ______________ Dat: ___________

Fraz sa yo mele. Reranje yo pou yo ka fè sans. Sonje kòmansman ak finisman fraz yo.

1. moun k' ap yo moun sa Anverite, ak goumen lamizè. Se

2. Manman ka grangou. li malad mouri

3. moun di. nan k' ap yo travay bout Anpil nan

4. tout kout yo. zegwi dwèt fin Pafwa devore

5. Yo bonè. leve

6. Yo byen manje. pa

7. Menm yo yo senyen dwèt ap kan dyòb fè la. bije

8. lekòl. yo Tidyo fè li, pa Anita pral pa ak Si

9. M' ap faktori. nan travay

10. travay Nan a nou bezbòl. sila boul fè

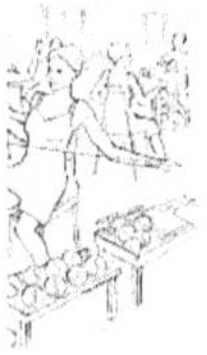

11. viv se Yo di mouri. swa oubyen yo yo

Paj Revizyon - Leson 15 - Yon Travay Faktori - Vokabilè
Non: ______________________ Klas: ______________ Dat: ___________

Sèvi ak mo ki souliye yo pou ekri pwòp fraz pa w.

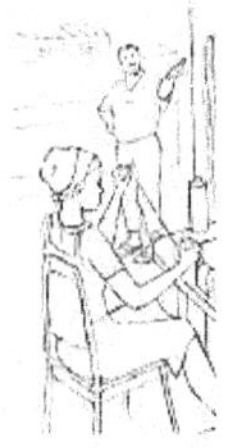

1. **oubyen** Yo di se swa yo viv oubyen yo mouri.

____

____

2. **zegwi** Pafwa kout zegwi fin devore tout dwèt yo.

____

____

3. **bezbòl** Nan travay sila a nou fè boul bezbòl .

____

____

4. **lekòl** Si yo pa fè li, Tidyo ak Anita pa pral lekòl.

____

____

5. **bonè** Yo leve bonè.

____

____

6. **moun** Anpil nan moun k' ap travay yo nan bout di.

____

____

7. **faktori** M' ap travay nan faktori.

____

____

8. **byen** Yo pa byen manje.

____

____

9. **malad** Manman malad li ka mouri grangou.

____

____

10. **lamizè** Anverite, moun sa yo se moun k' ap goumen ak lamizè.

____

____

11. **dyòb** Menm kan dwèt yo ap senyen yo bije fè dyòb la.

____

____

Aktivite Leson 16

Rechèch Mo - Leson 16 - Yon Kous Moto - Vèb ak ekspresyon

Non: ______________________ Klas: ________ Dat: ___________

Eseye jwenn mo ki kache yo.

B	F	D	B	L	Y	J	U	M	I	T	P	V	T	I	Q	O	U	D
M	R	M	V	F	D	T	W	H	Z	J	R	C	M	J	Q	U	Z	M
G	J	P	Y	U	E	G	N	C	J	U	A	D	Y	P	W	S	O	P
F	C	F	D	B	C	M	Q	D	W	K	L	Q	P	X	M	I	S	Y
K	N	N	E	P	N	C	O	O	V	H	B	Z	Y	L	K	D	K	P
O	B	C	E	T	J	I	W	U	D	Q	Q	U	C	J	G	Q	S	N
K	A	X	O	O	O	B	R	B	V	U	K	B	B	J	N	C	L	N
K	D	J	D	H	B	E	X	L	E	M	L	H	E	N	B	Q	G	X
A	T	Y	M	K	K	W	U	E	H	I	A	X	T	I	R	Y	F	V
L	X	Z	R	P	J	J	C	I	U	Z	U	N	I	M	D	U	R	L
I	Z	K	S	B	R	P	G	C	K	K	O	O	B	W	C	F	T	X
T	T	S	C	P	N	A	E	N	V	R	B	C	N	Q	O	G	C	M
E	K	M	P	E	D	I	N	N	C	C	S	Z	Z	Y	B	X	A	X
W	B	P	Q	V	G	R	Y	P	O	R	S	X	W	V	X	K	T	I
Q	I	Q	K	O	N	N	E	N	U	G	Z	M	B	P	G	P	E	R
F	S	C	B	F	U	X	N	N	S	T	M	F	H	V	C	O	X	M
C	E	F	O	Y	V	I	I	Z	M	D	P	L	P	N	M	B	O	C
A	P	M	B	A	P	U	A	M	W	E	G	H	F	F	B	E	O	Z
J	I	T	U	I	G	P	H	D	V	U	N	I	P	I	W	P	U	G

Chwazi nan mo sa yo:

kòk kalite — double — pran — fè mouvman — pral
pèdi — genyen — renmen — konnen

Sèvi ak Mo Nouvo - Leson 16 - Yon Kous Moto - Vèb ak ekspresyon

Non: ______________________ Klas: ______________ Dat: ___________

Konplete chak fraz avèk mo ki kòrèk la.

konnen	pran	pèdi	renmen genyen
double	kòk kalite	pral	fè mouvman

1. Li renmen wè lè yon moto ap __________________ yon lòt, lè motosiklis la panche prèt pou tonbe.

2. Pafwa li tèlman fè mouvman, li ba moun kèk kalòt san li pa ________________.

3. De motosiklis yo pran wout la tankou de kòk kalite ki ______________ nan gagè.

4. Anpil fwa li kite manje lakay li pou li pa ________________ anyen.

5. Lè moto pa li a _________________, li kontan anpil.

6. Pafwa li tèlman ___________________, li ba moun kèk kalòt san li pa konnen.

7. Ti frè mwen an ____________________ sa anpil.

8. De motosiklis yo ______________ wout la tankou de kòk kalite ki pral nan gagè.

9. De motosiklis yo pran wout la tankou de ___________________ ki pral nan gagè.

Fraz Mele - Leson 16 - Yon Kous Moto - Vèb ak ekspresyon

Non: ______________________ Klas: _____________ Dat: ___________

Fraz sa yo mele. Reranje yo pou yo ka fè sans. Sonje kòmansman ak finisman fraz yo.

1. li fè san konnen. Pafwa li ba li tèlman kèk mouvman, kalòt moun pa

2. De motosiklis de yo wout nan kalite gagè. la pran tankou kòk ki pral

3. kèk konnen. moun Pafwa fè mouvman, li san tèlman pa li li ba kalòt

4. anyen. fwa pa li kite li manje lakay pou Anpil pèdi li

5. Lè moto anpil. li kontan li pa genyen, a

6. yo De kòk motosiklis wout pran de gagè. nan la pral kalite ki tankou

7. sa frè Ti an mwen anpi l. renmen

8. gagè. motosiklis pran nan la wout yo de kalite kòk ki De pral tankou

9. renmen Li double tonbe. yon lè panche ap yon lòt, lè wè la moto pou prèt motosiklis

Paj Revizyon - Leson 16 - Yon Kous Moto - Vèb ak ekspresyon

Non: ______________________ Klas: _____________ Dat: ___________

Sèvi ak mo ki souliye yo pou ekri pwòp fraz pa w.

1. **Konnen** Pafwa li tèlman fè mouvman, li ba moun kèk kalòt san li pa konnen.

____

____

2. **kòk kalite** De motosiklis yo pran wout la tankou de kòk kalite ki pral nan gagè.

____

____

3. **double** Li renmen wè lè yon moto ap double yon lòt, lè motosiklis la panche prèt pou tonbe.

____

____

4. **pèdi** Anpil fwa li kite manje lakay li pou li pa pèdi anyen.

____

____

5. **renmen** Ti frè mwen an renmen sa anpil.

____

____

6. **pral** De motosiklis yo pran wout la tankou de kòk kalite ki pral nan gagè.

____

____

7. **fè mouvman** Pafwa li tèlman fè mouvman, li ba moun kèk kalòt san li pa konnen.

____

____

8. **genyen** Lè moto pa li a genyen, li kontan anpil.

____

____

9. **pran** De motosiklis yo pran wout la tankou de kòk kalite ki pral nan gagè.

____

____

Rechèch Mo - Leson 16 - Yon Kous Moto - Vokabilè

Non: ________________________ Klas: _______________ Dat: ____________

Eseye jwenn mo ki kache yo.

U	G	X	N	F	K	T	U	Z	F	U	M	V	K	H	Z	I	S	O
J	V	X	D	R	A	S	U	X	Q	R	C	D	G	A	S	E	O	H
Z	L	B	Z	E	L	J	H	M	D	A	F	R	E	C	U	S	P	G
T	D	M	O	T	O	S	I	K	L	I	S	J	M	Y	J	W	P	B
M	T	K	L	Z	T	J	B	D	E	W	L	S	N	D	O	H	H	I
O	W	O	G	H	J	B	D	S	R	Z	B	R	E	A	Y	J	L	M
U	R	N	Y	T	I	B	N	S	T	N	H	Y	E	E	O	V	F	E
V	L	T	A	C	W	I	K	P	F	T	H	I	F	Q	O	P	F	E
M	U	A	W	E	P	P	O	U	W	A	A	T	I	P	V	N	W	L
A	A	N	G	J	D	M	G	O	P	X	S	N	F	B	H	A	Y	F
N	I	Y	Y	Q	T	S	A	L	Y	E	T	K	K	Q	U	J	I	X
P	Y	W	H	Q	G	M	G	N	G	D	R	L	O	O	E	P	B	K
Q	J	Z	H	X	W	Q	E	W	J	W	C	N	C	H	U	G	D	T
C	U	D	E	A	M	I	B	U	R	E	O	P	E	Z	Y	I	B	H
Q	I	Q	D	N	O	S	O	N	R	H	P	T	X	P	V	D	W	K
M	A	J	A	A	T	B	B	N	B	D	T	V	H	O	Y	D	Z	R
Q	W	R	H	I	O	F	Z	I	Q	P	V	M	O	N	G	J	N	V
P	D	J	X	N	I	T	A	Z	H	O	W	C	B	D	M	B	V	G
Q	U	M	L	R	G	L	Z	P	G	R	I	X	I	T	T	S	J	Z

Chwazi nan mo sa yo:

frè, tankou, manje, mouvman, gagè, moto, motosiklis, kalòt, kontan

Sèvi ak Mo Nouvo - Leson 16 -Yon Kous Moto -Vokabilè

Non: ______________________ Klas: ______________ Dat: ___________

Konplete chak fraz avèk mo ki kòrèk la.

moto	motosiklis	kontan	frè	manje
tankou	mouvman	gagè	kalòt	

1. Pafwa li tèlman fè ____________________, li ba moun kèk kalòt san li pa konnen.

2. De ______________________ yo pran wout la tankou de kòk kalite ki pral nan gagè.

3. Li renmen wè lè yon _______________ ap double yon lòt, lè motosiklis la panche prèt pou tonbe.

4. De motosiklis yo pran wout la __________________ de kòk kalite ki pral nan gagè.

5. Ti ______________________ mwen an renmen sa anpil.

6. De motosiklis yo pran wout la tankou de kòk kalite ki pral nan _________________.

7. Lè moto pa li a genyen, li _____________________ anpil.

8. Anpil fwa li kite ____________________ lakay li pou li pa pèdi anyen.

9. Pafwa li tèlman fè mouvman, li ba moun kèk _____________ san li pa konnen.

Fraz Mele - Leson 16 - Yon Kous Moto - Vokabilè

Non: ______________________ Klas: ______________ Dat: ___________

Fraz sa yo mele. Reranje yo pou yo ka fè sans.

1. ki gagè. tankou wout yo motosiklis pran De la nan kòk de pral kalite

2. li pa pèdi fwa manje li kite lakay Anpil anyen. li pou

3. mouvman, li moun kalòt konnen. kèk fè ba pa san li li Pafwa tèlman

4. de tankou gagè. motosiklis De wout pral nan yo la kalite pran ki kòk

5. renmen Li la panche wè ap yon lè yon pou prèt lòt, motosiklis moto tonbe. lè double

6. anpil. li pa moto li kontan genyen, a Lè

7. san pa li li fè li moun kèk tèlman kalòt ba mouvman, konnen. Pafwa

8. gagè. la ki motosiklis wout pran tankou yo de pral nan kòk kalite De

9. frè renmen an anpil. Ti mwen sa

Paj Revizyon - Leson 16 -Yon Kous Moto - Vokabilè

Non: ________________________ Klas: ______________ Dat: ___________

Sèvi ak mo ki souliye yo pou ekri pwòp fraz pa w.

1. **moto** Li renmen wè lè yon moto ap double yon lòt, lè motosiklis la panche prèt pou tonbe.

2. **manje** Anpil fwa li kite manje lakay li pou li pa pèdi anyen.

3. **frè** Ti frè mwen an renmen sa anpil.

4. **motosiklis** De motosiklis yo pran wout la tankou de kòk kalite ki pral nan gagè.

5. **mouvman** Pafwa li tèlman fè mouvman, li ba moun kèk kalòt san li pa konnen.

6. **kalòt** Pafwa li tèlman fè mouvman, li ba moun kèk kalòt san li pa konnen.

7. **gagè** De motosiklis yo pran wout la tankou de kòk kalite ki pral nan gagè.

8. **kontan** Lè moto pa li a genyen, li kontan anpil.

9. **tankou** De motosiklis yo pran wout la tankou de kòk kalite ki pral nan gagè.

Aktivite Leson 17
Rechèch Mo - Leson 17 - Nan Makèt La - Vèb ak ekspresyon
Non: ______________________ Klas: _________Dat: ___________

Eseye jwenn mo ki kache yo.

L	H	J	L	H	R	E	N	M	E	N	A	O	X	L	A	C	M
Z	G	O	X	T	M	Y	A	P	U	V	A	M	B	G	C	I	P
O	O	Q	X	F	R	B	B	P	P	X	D	F	I	W	T	R	O
P	J	V	A	W	T	R	T	B	O	A	G	W	Q	E	L	O	J
N	Q	B	M	B	Y	G	K	C	O	T	K	W	G	R	C	D	J
M	M	I	R	M	L	T	A	C	H	T	E	S	W	X	A	I	N
Q	A	E	G	A	D	E	K	J	I	E	N	S	P	E	K	T	E
F	Q	N	Q	C	L	C	B	R	G	H	K	D	Y	D	Y	N	N
P	I	A	Y	H	Y	E	D	U	B	K	U	E	D	T	O	T	Q
A	O	R	F	E	A	D	V	U	D	Q	K	C	I	M	B	W	H
V	T	Y	X	R	N	C	P	Q	R	X	U	J	I	X	V	Z	R
J	G	W	B	G	A	V	O	U	O	L	S	Q	Q	I	G	F	K
T	H	U	F	S	Y	U	W	H	W	S	B	U	C	X	R	U	L
V	U	Z	H	S	P	V	U	F	Q	V	T	V	Y	U	I	B	B
B	R	S	R	X	L	A	D	W	C	U	V	L	A	L	E	N	A
C	R	Q	T	I	T	T	O	W	K	O	X	U	F	L	K	G	R
K	S	X	W	C	J	Q	K	H	U	R	V	T	C	H	K	E	U
Q	K	U	F	I	V	F	S	D	P	E	A	X	G	V	K	B	T

Chwazi nan mo sa yo:

achte	tcheke	fè	enspekte	pote
renmen	manyen	ale	mache	gade

Sèvi ak Mo Nouvo - Leson 17 - Nan Makèt La - Vèb ak ekspresyon

Non: ________________________ Klas: ______________ Dat: ___________

Mo ki nan yon fraz kapab ede w jwenn siyifikasyon yon mo ou pa konnen. Konplete chak fraz avèk mo ki kòrèk la.

manyen	tcheke	renmen	pote	fè
ale	mache	enspekte	gade	achte

1. Poukisa? Paske li renmen achte, men li pa renmen __________________.

2. Li renmen achte janbon ak montadèl pou ____________________ sandwitch.

3. Li gade adwat, li gade agoch, li __________________________ bwat lèt yo.

4. Gran sè mwen an _____________________ fè makèt.

5. Li ____________________ vyann yo.

6. Li gade adwat, li _____________________ agoch, li manyen bwat lèt yo.

7. Li gade poul yo dèye vitrin, li ____________________ sache diri ak mayi yo.

8. Li mache anndan tout makèt la anvan li __________________.

9. Li renmen _____________________ ak Yabout, ti frè mwen an.

10. Li ______________________ anndan tout makèt la anvan li achte.

Fraz Mele - Leson 17 - Nan Makèt La - Vèb ak ekspresyon

Non: ______________________ Klas: _____________ Dat: ___________

Fraz sa yo mele. Reranje yo pou yo ka fè sans. Sonje kòmansman ak finisman fraz yo.

1. Gran an makèt. mwen sè renmen fè

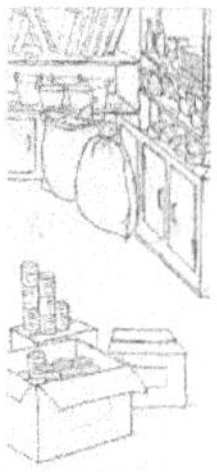

2. lèt gade adwat, Li manyen bwat gade li li yo. agoch,

3. yo. Li gade manyen li lèt gade li adwat, bwat agoch,

4. mache li tout makèt anndan Li achte. anvan la

5. Li enspekte yo. vyann

6. tcheke diri li dèye sache ak yo. Li vitrin, gade yo poul may

7. frè renmen mwen ak Yabout, Li ti an. ale

8. li Paske Poukisa? li renmen men pa pote. renmen achte,

9. renmen Li fè achte sandwitch. janbon montadèl pou ak

10. tout mache anndan makèt la achte. anvan li Li

Paj Revizyon - Leson 17 - Nan Makèt La - Vèb ak ekspresyon

Non: ____________________ Klas: ____________ Dat: __________

Sèvi ak mo ki souliye yo pou ekri pwòp fraz pa w.

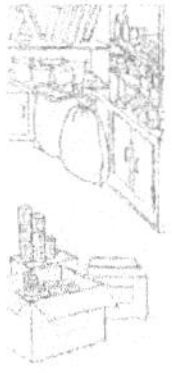

1. **manyen** Li gade adwat, li gade agoch, li manyen bwat lèt yo.

2. **tcheke** Li gade poul yo dèye vitrin, li tcheke sache diri ak mayi yo.

3. **fè** Li renmen achte janbon ak montadèl pou fè sandwitch.

4. **ale** Li renmen ale ak Yabout, ti frè mwen an.

5. **renmen** Gran sè mwen an renmen fè makèt.

6. **mache** Li mache anndan tout makèt la anvan li achte.

7. **pote** Poukisa? Paske li renmen achte, men li pa renmen pote.

8. **gade** Li gade adwat, li gade agoch, li manyen bwat lèt yo.

9. **enspekte** Li enspekte vyann yo.

10. **achte** Li mache anndan tout makèt la anvan li achte.

Rechèch Mo - Leson 17 - Nan Makèt La - Vokabilè

Non: ______________________ Klas: _______ Dat: ___________

Eseye jwenn mo ki kache yo.

N	S	A	N	D	W	I	T	C	H	C	C	Z	V	F	U	U	C	W	U	H	I
L	E	X	O	P	D	Q	F	W	Z	K	H	Q	H	X	I	U	F	J	G	R	P
T	L	L	T	H	D	R	E	V	P	Y	G	A	G	Z	T	O	S	R	L	J	K
K	M	J	I	U	I	W	W	R	A	D	O	X	X	N	S	W	O	H	E	G	T
T	G	A	I	A	R	R	V	Y	S	X	M	L	T	H	Z	I	W	D	N	P	I
N	M	H	C	M	I	W	B	H	K	Q	Q	Z	O	R	H	X	R	O	S	G	F
R	A	M	C	Y	K	T	H	A	E	D	M	K	Z	P	Q	O	U	Y	B	G	X
N	K	M	B	W	J	D	S	G	N	W	C	T	X	V	X	K	R	Z	Y	C	F
E	E	O	F	I	L	J	B	O	K	V	F	X	Y	Z	P	O	C	H	D	O	T
F	T	N	M	G	R	N	I	C	Z	P	A	T	L	G	U	F	X	P	W	O	J
A	X	N	A	B	U	O	X	H	J	P	Y	N	M	J	R	S	Y	C	S	C	C
M	A	N	Y	E	N	V	Y	V	E	A	G	G	G	X	Y	H	K	G	T	J	Q
P	F	B	I	H	V	I	I	F	D	A	D	W	X	M	W	U	B	O	U	G	C
O	Y	Q	O	A	G	T	J	M	Z	Z	M	W	J	U	O	E	I	Z	I	R	R
D	B	F	G	I	M	R	I	C	M	B	E	O	A	V	Z	R	N	U	U	A	V
U	B	X	C	C	K	I	G	A	N	N	D	A	N	T	Y	D	V	C	O	H	Q
Q	Y	N	G	T	Z	N	E	F	N	X	I	C	B	T	K	A	F	O	H	L	I
L	T	T	M	R	W	Z	T	L	W	R	V	W	O	O	A	L	N	Q	W	A	Z
S	K	W	I	K	L	J	W	O	X	W	S	M	N	Q	S	D	P	N	S	T	G
I	R	E	L	I	U	H	D	I	R	Z	Q	S	A	R	X	V	E	U	J	B	R
I	V	W	N	Z	K	U	V	Y	P	T	O	Q	X	K	D	Z	M	L	S	C	V
G	J	I	J	G	D	B	V	T	B	I	C	O	K	W	C	Q	K	H	O	L	N

Chwazi nan mo sa yo:

mayi	diri	anndan	montadèl	agoch	makèt
manyen	vitrin	frè	Paske	adwat	vyann
sandwitch	janbon	anvan			

Sèvi ak Mo Nouvo - Leson 17 - Nan Makèt La - Vokabilè

Non: ___________________________ Klas: _________ Dat: _____________

Konplete chak fraz avèk mo ki kòrèk la.

manyen	janbon	makèt	montadèl	Paske	diri
Sandwitch	vitrin	anndan	vyann	anvan	mayi
frè	agoch	adwat			

1. Li gade ___________________ li gade agoch, li manyen bwat lèt yo.

2. Li enspekte ____________________ yo.

3. Li gade poul yo dèye vitrin, li tcheke sache ____________________ ak mayi yo.

4. Gran sè mwen an renmen fè ______________________.

5. Li gade poul yo dèye _______________________, li tcheke sache diri ak mayi yo.

6. Li gade adwat, li gade agoch, li _____________________ bwat lèt yo.

7. Li renmen achte janbon ak ____________________________ pou fè sandwitch.

8. Poukisa? _________________________ li renmen achte, men li pa renmen pote.

9. Li mache anndan tout makèt la ___________________________ li achte.

10. Li mache ___________________________ tout makèt la anvan li achte.

11. Li gade adwat, li gade, li manyen bwat lèt yo.

12. Li gade poul yo dèye vitrin, li tcheke sache diri ak __________________ yo.

13. Li renmen achte ________________________ ak montadèl pou fè sandwitch.

14. Li renmen achte janbon ak montadèl pou fè ________________________.

15. Li renmen ale ak Yabout, ti ______________________________ mwen an.

Fraz Mele - Leson 17 - Nan Makèt La - Vokabilè

Non: ______________________ Klas: ______________ Dat: ___________

Fraz sa yo mele. Reranje yo pou yo ka fè sans. Sonje kòmansman ak finisman fraz yo.

1. renmen fè montadèl pou Li sandwitch. ak achte janbon

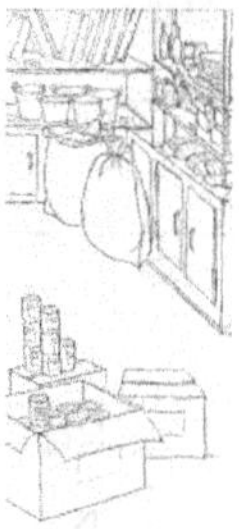

2. gade diri dèyè yo. yo sache poul vitrin, Li mayi li tcheke ak

3. renmen Li mwen ale ak ti an. Yabout, frè

4. gade dèyè tcheke Li yo. vitrin, yo mayi ak li poul sache diri

5. sè renmen makèt. mwen fè an Gran

6. achte janbon pou fè renmen Li sandwitch. montadèl ak

7. janbon ak sandwitch. renmen Li fè pou achte montadèl

8. Paske renmen men Poukisa? achte, renmen pa pote. li li

9. li la achte. Li anndan mache makèt tout anvan

10. gade li yo Li vitrin, poul tcheke diri mayi yo. sache dèyè ak

11. yo. gade gade li lèt agoch, li manyen adwat, Li bwat

12. Li mache anvan achte. anndan la li makèt tout

13. lèt adwat, gade Li gade manyen yo. li bwat agoch, li

14. Li enspekte yo. vyann

15. lèt li bwat gade yo. gade li agoch, manyen adwat, Li

Paj Revizyon - Leson 17 - Nan Makèt La - Vokabilè

Non: ______________________ Klas: _____________ Dat: ___________

Sèvi ak mo ki souliye yo pou ekri pwòp fraz pa w.

1. **diri** Li gade poul yo dèyè vitrin, li tcheke sache diri ak mayi yo.

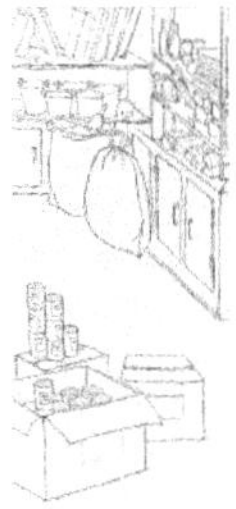

2. **frè** Li renmen ale ak Yabout, ti frè mwen an.

3. **Paske** Poukisa? Paske li renmen achte, men li pa renmen pote.

4. **vitrin** Li gade poul yo dèyè vitrin, li tcheke sache diri ak mayi yo.

5. **manyen** Li gade adwat, li gade agoch, li manyen bwat lèt yo.

6. **makèt** Gran sè mwen an renmen fè makèt.

7. **agoch** Li gade adwat, li gade agoch, li manyen bwat lèt yo.

8. **sandwitch** Li renmen achte janbon ak montadèl pou fè sandwitch.

9. **anndan** Li mache anndan tout makèt la anvan li achte.

10. **adwat** Li gade adwat, li gade agoch, li manyen bwat lèt yo.

11. **montadèl** Li renmen achte janbon ak montadèl pou fè sandwitch.

12. **anvan** Li mache anndan tout makèt la anvan li achte.

13. **vyann** Li enspekte vyann yo.

14. **janbon** Li renmen achte janbon ak montadèl pou fè sandwitch.

15. **mayi** Li gade poul yo dèyè vitrin, li tcheke sache diri ak mayi yo.

Aktivite Leson 18

Sèvi ak Mo Nouvo - Leson 18 - Monte Bisiklèt - Vèb ak ekspresyon

Non: ______________________ Klas: _____________ Dat: ___________

Konplete chak fraz avèk mo ki kòrèk la.

kouri	renmen	kite	se	tonbe
dekouraje	panse	pran	kenbe	monte

1. Apre sa se te kouri bekàn nan san pèsonn pa ___________________ li.

2. Anvan sa li pa te janm panse li te ka kouri yon bagay de wou san li pa _______________.

3. Men li pa te _____________________________.

4. Anvan sa li pa te janm ________________ li te ka kouri yon bagay de wou san li pa tonbe.

5. Men kounyeya Tijan _____________________ gwo drayvè.

6. Li ___________________ sa, se sa ki fè li pa te dekouraje.

7. Apre sa se te ____________________ bekàn nan san pèsonn pa kenbe li.

8. Anvan Tijan te konn ____________________ bisiklèt, ti pase anpil mizè.

9. Sa ki te pi difisil pou li nan yon premye tan se te ___________________ pye li sou pedal.

10. Tijan ______________________ anpil so.

Fraz Mele - Leson 18 - Monte Bisiklèt - Vèb ak ekspresyon

Non: ____________________ Klas: ______________ Dat: ___________

Fraz sa yo mele. Reranje yo pou yo ka fè sans. Sonje kòmansman ak finisman fraz yo.

1. Li dekouraje. pa renmen sa se fè sa, ki te li

2. Apre bekàn san sa se pa nan kouri te li. pèsonn kenbe

3. premye pou ki difisil pi se te li Sa sou pye yon nan tan te pedal. kite li

4. anpil Tijan bisiklèt, monte konn Anvan pase te mizè. li

5. so. Tijan anpil pran

6. kounyeya drayvè. Tijan Men gwo se

7. te dekouraje. Men li pa

8. yon sa te ka pa pa san bagay li kouri wou li panse Anvan li tonbe. janm te de

9. se Apre kouri sa li. pèsonn nan kenbe te san bekàn pa

10. de yon wou sa pa pa li bagay li janm li te te san tonbe. kouri panse Anvan ka

Paj Revizyon - Leson 18 - Monte Bisiklèt - Vèb ak ekspresyon

Non: ______________________ Klas: ______________ Dat: ____________

Sèvi ak mo ki souliye yo pou ekri pwòp fraz pa w.

1. Renmen Li renmen sa, se sa ki fè li pate dekouraje.

2. Panse Anvan sa li pa te janm panse li te ka kouri yon bagay de wou san li pa tonbe.

3. kouri Apre sa se te kouri bekàn nan san pèsonn pa kenbe li.

4. Kenbe Apresa se te kouri bekàn nan san pèsonn pa kenbe li.

5. Tonbe Anvan sa li pa te janm panse li te ka kouri yon bagay de wou san li pa tonbe.

6. Monte Anvan Tijan te konn monte bisiklèt, li pase anpil mizè.

7. Pran Tijan pran anpil so.

8. se Men kounyeya Tijan se gwo drayvè.

9. dekouraje Men li pa te dekouraje.

10. kite Sa ki te pi difisil pou li nan yon premye tan se te kite pye li sou pedal.

Sèvi ak Mo Nouvo - Leson 18 - Monte Bisiklèt - Vokabilè

Non: ________________________ Klas: ______________ Dat: ____________

Konplete chak fraz avèk mo ki kòrèk la.

bisiklèt	difisil	bagay	kounyeya	Men	anpil
bekàn	pèsonn	wou	tou	dekouraje	

1. Anvan sa li pa te janm panse li te ka kouri yon bagay de _____________ san li pa tonbe.

2. Anvan Tijan te konn monte ____________________________, li pase anpil mizè.

3. Sa ki te pi _________________ pou li nan yon premye tan se te kite pye li sou pedal.

4. Li renmen sa, se sa ki fè li pa te ________________________.

5. Anvan sa li pa te janm panse li te ka kouri yon ______________ de wou san li pa tonbe.

6. Tijan pran ___________________ so.

7. Men ______________________ Tijan se gwo drayvè.

8. ________________________ li pa te dekouraje.

9. Apre sa se te kouri bekàn nan san ________________ pa kenbe li.

10. Ou kapab monte __________________ !

11. Apre sa se te kouri _________________ nan san pèsonn pa kenbe li.

Fraz Mele - Leson 18 - Monte Bisiklèt - Vokabilè

Non: ______________________ Klas: ______________ Dat: ___________

Fraz sa yo mele. Reranje yo pou yo ka fè sans. Sonje kòmansman ak finisman fraz yo.

1. Anvan li ka janm de pa wou li te tonbe. san panse te sa kouri bagay yon li pa

2. mizè. konn Anvan te pase Tijan bisiklèt, monte li anpil

3. dekouraje. sa, renmen pa se ki sa li fè te Li

4. te pa dekouraje. li Men

5. tonbe. kouri sa pate de bagay pa janm Anvan li te li ka yon li wou panse san

6. monte kapab tou ! Ou

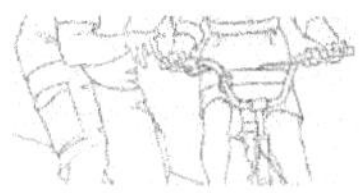

7. se kenbe kouri Apre nan sate pèsonn li. bekàn san pa

8. Tijan so. anpil pran

9. Apre sa se nan pa te bekàn san li. kouri pèsonn kenbe

10. kite te ki pi Sa pou Ji pedal. nan premye se sou tan pye te yon li difisil

11. Tijan Men kounyeya gwo drayvè. se

Paj Revizyon - Leson 18 - Monte Bisiklèt - Vokabilè

Non: ______________________ Klas: ______________ Dat: ___________

Sèvi ak mo ki souliye yo pou ekri pwòp fraz pa w.

1. **Bagay** — Anvan sa li pa te janm panse li te ka kouri yon bagay de wou san li pa tonbe.

2. **Anpil** — Tijan pran anpil so.

3. **Tou** — Ou kapab monte tou!

4. **difisil** — Sa ki te pi difisil pou li nan yon premye tan se te kite pye li sou pedal.

5. **kounyeya** — Men kounyeya Tijan se gwo drayvè.

6. **dekouraje** — Li renmen sa, se sa ki fè li pa te dekouraje.

7. **bekàn** — Apresa se te kouri bekàn nan san pèsonn pa kenbe li.

8. **pèsonn** — Apresa se te kouri bekàn nan san pèsonn pa kenbe li.

9. **wou** — Anvan sa li pa te janm panse li te ka kouri yon bagay de wou san li pa tonbe.

10. **Men** — Men li pa te dekouraje.

11. **Bisiklèt** — Anvan Tijan te konn monte bisiklèt, li pase anpil mizè.

Aktivite Leson 19

Rechèch Mo - Leson 19 - Nan Mache - Vèb ak ekspresyon

Non: ______________________ Klas: ______________ Dat: ___________

Eseye jwenn mo ki kache yo.

K	L	I	K	Y	O	T	O	U	T	B	Y	E	N	F	R	E	N	Q	X
R	E	G	R	X	O	F	J	P	E	E	M	Q	P	E	D	P	G	O	T
Z	E	E	Z	I	I	P	Z	U	S	H	T	W	Q	Q	Z	L	N	Y	Q
G	B	N	E	O	X	U	R	U	N	U	L	G	H	Z	X	O	W	Y	G
O	D	K	M	Z	F	W	O	P	R	Z	T	R	V	S	E	D	H	K	H
U	D	W	O	E	K	R	T	E	E	A	Q	G	V	I	N	I	J	W	F
H	T	S	V	L	N	A	N	H	Y	N	N	D	Z	D	M	D	W	P	K
M	J	L	K	G	X	S	D	X	I	J	K	I	U	E	C	B	O	N	G
W	Q	G	P	X	E	A	L	L	N	V	T	E	X	L	Z	G	Z	H	S
A	F	E	B	T	A	N	J	Y	I	Y	G	F	E	I	B	J	C	D	V
C	Z	N	G	J	X	B	A	O	I	C	C	R	Z	X	N	W	W	Y	V
H	R	D	J	I	I	L	C	S	B	M	M	S	A	N	T	I	B	O	N
T	M	Z	Y	J	Y	E	M	R	M	E	P	M	C	N	U	O	C	M	B
E	U	X	O	B	I	I	D	T	I	O	V	E	N	Q	D	T	Y	A	C
S	E	H	X	U	V	O	O	I	G	R	G	T	X	M	S	I	V	A	X
G	Y	O	T	O	U	T	B	Y	E	N	B	E	L	V	P	O	P	J	P
T	Q	O	F	H	N	J	V	H	V	F	T	M	U	F	V	G	M	V	B
B	C	L	H	T	Y	W	H	H	A	C	S	Q	J	B	S	D	R	W	X
T	X	Y	D	H	U	A	G	Y	X	H	B	U	O	V	G	K	K	B	Z
Z	L	V	I	J	E	P	I	T	C	S	C	P	U	O	T	A	N	L	X

Chwazi nan mo sa yo:

vini
santi bon
gen
yo tout byen bèl
rasanble
achte
grandi
renmen
yo tout byen fre
gen
reyini
mete

Sèvi ak Mo Nouvo - Leson 19 - Nan Mache - Vèb ak ekspresyon
Non: ______________________ Klas: ______________ Dat: ___________

Konplete chak fraz avèk mo ki kòrèk la.

reyini	mete	gen	yo tout byen bèl
gen	achte	renmen	santi bon
vini	rasanble	yo tout byen fre	grandi

1. Se yon plas ki ____________________ anpil chalè nan kè.

2. Genyen ki vin sou bèt, anpil ____________________ apye tou.

3. Men, nan mache a ___________anpil lòt bagay; gen viv, tankou bannann, patat, yanm.

4. Nou renmen mache, se li ki te grandi paran nou yo, se li ki _______________nou tou.

5. Yo tout _______________________, yo tout ap vann.

6. Fwi, tankou mango, zaboka, zoranj, kenèp, siwèl, sapoti, ... yo tout byen bèl, yo tout byen fre, byen _______________.

7. Men, nan mache a ___________ anpil lòt bagay; gen viv, tankou bannann, patat, yanm.

8. Fwi, tankou mango, zaboka, zoranj, kenèp, siwèl, sapoti, … yo tout byen bèl, ____________, byen santi bon.

9. Fwi, tankou mango, zaboka, zoranj, kenèp, siwèl, sapoti, …__________, yo tout byen fre, byen santi bon.

10. Nou ____________ mache, se li ki te grandi paran nou yo, se li ki grandi nou tou.

11. Pratik yo oubyen achtè gen anpil pou yo ____________________.

12. Machann ki soti nan tout bouk yo ____________________ ansanm.

Fraz Mele - Leson 19 - Nan Mache - Vèb ak ekspresyon

Non: ______________________ Klas: ______________ Dat: ___________

Fraz sa yo mele. Reranje yo pou yo ka fè sans. Sonje kòmansman ak finisman fraz yo.

1. Yo reyini, yo tout tout vann. ap
2. yon kè. ki nan plas anpil chalè Se mete
3. ansanm. ki bouk yo soti rasanble tout nan Machann
4. pou yo yo achtè Pratik anpil gen achte. oubyen
5. patat, lòt viv, nan tankou bannann, mache a gen gen Men, anpil yanm. bagay;
6. paran te tou. yo, mache, nou renmen ki se li nou grandi grandi se ki Nou li
7. bèl, mango, tankou santi sapoti, zoranj, siwèl, fre, tout byen Fwi, kenèp, bon. byen yo ... yo tout zaboka, byen

8. renmen te tou. paran nou nou se ki ki li mache, grandi yo, Nou li se grandi
9. bèl, sapoti, tankou kenèp, zaboka, bon. mango, siwèl, tout ... yo zoranj, byen yo byen Fwi, tout santi fre, byen
10. bèt, ki tou. apye vini sou Genyen anpil vin
11. tankou bèl, byen zaboka, kenèp, Fwi, siwèl, sapoti, tout santi zoranj, tout bon. byen yo fre, byen mango, ... yo

12. nan a anpil bagay; lòt gen tankou Men, mache gen bannann, yanm. viv, patat,

Paj Revizyon - Leson 19 - Nan Mache - Vèb ak ekspresyon

Non: ______________________ Klas: ______________ Dat: ___________

Sèvi ak mo ki souliye yo pou ekri pwòp fraz pa w.

1. **yo tout byen fre** Fwi, tankou mango, zaboka, zoranj, kenèp, siwèl, sapoti, ... yo tout byen bèl, yo tout byen fre, byen santi bon.

2. **gen** Men, nan mache a gen anpil lòt bagay; gen viv, tankou bannann, patat, yanm.

3. **renmen** Nou renmen mache, se li ki te grandi paran nou yo, se li ki grandi nou tou.

4. **mete** Se yon plas ki mete anpil chalè nan kè.

5. **santi bon** Fwi, tankou mango, zaboka, zoranj, kenèp, siwèl, sapoti, ... yo tout byen bèl,yo tout byen fre, byen santi bon.

6. **rasanble** Machann ki soti nan tout bouk yo rasanble ansanm.

7. **yo tout byen bèl** Fwi, tankou mango, zaboka, zoranj, kenèp, siwèl, sapoti, ... yo tout byen bèl, yo tout byen fre, byen santi bon.

8. **reyini** Yo tout reyini, yo tout ap vann.

9. **gen** Men, nan mache a gen anpil lòt bagay; gen viv, tankou bannann, patat, yanm.

10. **achte** Pratik yo oubyen achtè gen anpil pou yo achte.

11. **vini** Genyen ki vin sou bèt, anpil vini apye tou.

12. **grandi** Nou renmen mache, se li ki te grandi paran nou yo, se li ki grandi nou tou.

Sèvi ak Mo Nouvo - Leson 19 - Nan Mache - Vokabilè

Non: ____________________ Klas: ______________ Dat: ___________

Mo ki nan yon fraz kapab ede w jwenn siyifikasyon yon mo ou pa konnen.

Konplete chak fraz avèk mo ki kòrèk la.

sou bèt	pitimi	Yo tout	chalè	yanm	sereyal
zaboka	bannann	mache	sapoti	paran	legim
Pratik	vyann	Machann	mango		

1. Fwi, tankou mango, zaboka, zoranj, kenèp, siwèl, ______________, ... yo tout byen bèl, yo tout byen fre, byen santi bon.
2. Fwi, tankou mango, ______________, zoranj, kenèp, siwèl, sapoti, ... yo tout byen bèl, yo tout byen fre, byen santi bon.
3. ______________________ yo oubyen achtè gen anpil pou yo achte.

4. ______________________ ki soti nan tout bouk yo rasanble ansanm.
5. Genyen ki vin __________________________, anpil vini apye tou.
6. Men, nan mache a gen anpil lòt bagay; gen viv, tankou bannann, patat, _____________.
7. Fwi, tankou ____________, zaboka, zoranj, kenèp, siwèl, sapoti, ... yo tout byen bèl, yo tout byen fre, byen santi bon.
8. Gen _______________, tankou mayi, diri, pitimi, ble ekt... gen machann vyann, gen machann legim tou.
9. Gen sereyal, tankou mayi, diri, pitimi, ble ekt... gen machann vyann, gen machann _______________ tou.
10. Se yon plas ki mete anpil ___________________ nan kè.
11. Nou renmen mache, se li ki te grandi ______________ nou yo, se li ki grandi nou tou.
12. ___________________________ reyini, yo tout ap vann.
13. Nou renmen ______________ , se li ki te grandi paran nou yo, se li ki grandi nou tou.
14. Gen sereyal, tankou mayi, diri, _______________, ble ekt. .. gen machann vyann, gen machann legim tou.
15. Men, nan mache a gen anpil lòt bagay; gen viv, tankou _______________, patat, yanm.
16. Gen sereyal, tankou mayi, diri, pitimi, ble ekt. .. gen machann _____________, gen machann legim tou.

Fraz Mele - Leson 19 - Nan Mache - Vokabilè

Non: ______________________ Klas: ______________ Dat: ___________

Fraz sa yo mele. Reranje yo pou yo ka fè sans.

1. oubyen yo yo anpil Pratik gen pou achte. achtè

2. vyann, gen tou. sereyal, pitimi, machann mayi, legim diri, tankou machann Gen ble gen ekt...

3. anpil bèt, ki vin sou Genyen tou. apye vini

4. tankou fre, byen siwèl, sapoti, tout zaboka, zoranj, kenèp, tout ... yo byen mango, byen bon. yo santi bèl, Fwi,

5. yo, renmen se te Nou ki grandi tou. grandi nou ki li se mache, paran nou li

6. pitimi, sereyal, diri, machann tou. mayi, legim gen ekt... vyann, machann ble gen Gen tankou

7. mango, tankou zaboka, zoranj, fre, Fwi, yo tout tout kenèp, santi byen siwèl, sapoti, ... yo bèl, bon. byen byen

8. pitimi, legim diri, vyann, sereyal, mayi, Gen machann tou. gen tankou ekt ... ble machann gen

9. sereyal, mayi, tankou ekt... gen diri, ble machann Gen gen machann vyann, legim tou. pitimi,

10. Nou yo, grandi mache, nou renmen se ki li tou. te paran li nou ki grandi se

11. nan anpil kè. ki yon plas chalè mete Se

12. tout yo ap Yo tout vann. reyini,

13. ki bouk Machann ansanm. soti nan tout rasanble yo

14. nan yanm. a anpil bannann, patat, Men, tankou mache gen gen bagay; viv, lòt

15. tankou nan a anpil gen bagay; lòt Men, viv, gen patat, yanm. bannann, mache

16 ....yo tout zoranj, mango, byen siwèl, tankou byen bèl, Fwi, zaboka, byen santi kenèp, sapoti, bon. tout yo fre,

Paj Revizyon - Leson 19 - Nan Mache - Vokabilè

Non: ______________________ Klas: ______________ Dat: ___________

Sèvi ak mo ki souliye yo pou ekri pwòp fraz pa w.

1. **Yanm** — Men, nan mache a gen anpil lòt bagay; gen viv, tankou bannann, yanm.

2. **pitimi** — Gen sereyal, tankou mayi, diri, pitimi, ble ekt ... gen machann vyann, gen machann legim tou.

3. **sou bèt** — Genyen ki vin sou bèt, anpil vini apye tou.

4. **sapoti** — Fwi, tankou mango, zaboka, zoranj, kenèp, siwèl, sapoti, ... yo tout byen bèl, yo tout byen fre, byen santi bon.

5. **Machann** — Machann ki soti nan tout bouk yo rasanble ansanm.

6. **sereyal** — Gen sereyal, tankou mayi, diri, pitimi, ble ekt... gen machann vyann, gen machann legim tou.

7. **mache** — Nou renmen mache, se li ki te grandi paran nou yo, se li ki grandi nou tou

8. **zaboka** — Fwi, tankou mango, zaboka, zoranj, kenèp, siwèl, sapoti, ... yo tout byen bèl, yo tout byen fre, byen santi bon.

9. **Yo tout** — Yo tout reyini, yo tout ap vann.

10. **Legim**	Gen sereyal, tankou mayi, diri, pitimi, ble ekt ... gen machann vyann, gen machann legim tou.
11. **chalè**	Se yon plas ki mete anpil chalè nan kè.
12. **paran**	Nou renmen mache, se li ki te grandi paran nou yo, se li ki grandi nou tou.
13. **mango**	Fwi, tankou mango, zaboka, zoranj, kenèp, siwèl, sapoti, ... yo tout byen bèl, yo tout byen fre, byen santi bon.
14. **Pratik**	Pratik yo oubyen achtè gen anpil pou yo achte.
15. **Vyann**	Gen sereyal, tankou mayi, diri, pitimi, ble ekt ... gen machann vyann, gen machann legim tou.
16. **bannann**	Men, nan mache a gen anpil lòt bagay; gen viv, tankou bannann, patat, yanm.

Aktivite Leson 20

Rechèch Mo - Leson 20 - Pran Taptap - Vèb ak ekspresyon

Non: ________________________ Klas: ______________ Dat: ___________

Eseye jwenn mo ki kache yo.

G	K	Y	C	D	R	K	F	Z	K	C	T	U	C	Y	L	D	S
O	Y	W	R	M	W	V	U	L	I	X	D	W	K	L	L	F	B
U	U	H	H	Z	B	S	K	S	K	O	A	D	U	P	M	H	T
M	W	O	M	Y	O	U	N	S	O	U	L	O	T	B	A	N	G
E	I	P	I	C	R	H	N	C	N	O	T	R	I	H	X	Y	V
N	U	R	G	P	R	C	F	T	N	C	F	A	E	M	N	G	M
O	P	L	Y	M	F	R	A	P	E	H	R	L	E	Y	D	D	P
U	T	W	B	J	P	S	I	U	N	T	F	E	I	O	E	P	Q
D	P	C	I	X	M	X	H	C	E	A	C	O	O	X	O	S	K
V	Z	Z	H	B	T	C	G	Z	M	Q	L	H	E	C	F	U	M
Y	A	A	Y	I	Q	Y	W	B	J	K	X	A	A	G	Y	V	W
Z	F	B	T	J	T	U	Q	X	C	C	U	K	S	J	K	G	S
K	G	S	J	E	G	A	D	E	X	A	A	J	V	R	E	D	R
V	B	D	W	E	W	X	V	M	E	A	F	Y	J	I	P	G	M
S	T	N	A	A	J	P	J	Y	O	V	E	I	C	H	J	Y	H
A	K	N	H	P	H	Q	R	A	A	Y	N	L	V	E	U	O	Z
O	Q	L	N	S	I	H	H	A	J	X	I	X	S	G	O	E	X
C	F	W	R	H	B	K	W	E	N	S	E	E	D	H	R	Z	Y

Chwazi nan mo sa yo:

Gade	tèt chaje	rale	youn sou lòt	frape
bije	chita	pran	kwense	goumen
Ala	Konnen			

Sèvi ak Mo Nouvo - Leson 20 - Pran Taptap - Vèb ak ekspresyon

Non: ______________________ Klas: ______________ Dat: ___________

Konplete chak fraz avèk mo ki kòrèk la.

Bije	youn sou lòt	konnen	Gade	Ala
Rale	frape	goumen	chita	kwense
tèt chaje	pran			

1. Pafwa tou moun yo chita ______________________.

2. Lè trajè a long, lè wout la pa bon, anpil moun frape lòt san yo pa ______________.

3. Èske moun sa yo egoyis oubyen y'ap _______________ pou yo ka viv?

4. Nan peyi D Ayiti, ______________________ taptap se yon gwo tèt chaje.

5. Nan peyi D Ayiti, pran taptap se yon gwo ____________________.

6. Anpil fwa pa gen plas; kèk moun bije ____________________ kò yo nan yon ti kwen.

7. Pafwa tou moun yo ____________________ youn sou lòt.

8. ______________________ yon lavi!

9. ___________________ yon kwen! tout moun gonfle la, men yon taptap rive!

10. Anpil moun pral __________________________ lòt soti pou yo antre.

11. Anpil fwa pa gen plas; kèk moun ________________ kwense kò yo nan yon ti kwen.

12. Lè trajè a long, lè wout la pa bon, anpil moun ______________ lòt san yo pa konnen.

Fraz Mele - Leson 20 - Pran Taptap - Vèb ak ekspresyon

Non: ____________________ Klas: ______________ Dat: ____________

Fraz sa yo mele. Reranje yo pou yo ka fè sans. Sonje kòmansman ak finisman fraz yo.

1. yon yon Gade tout moun taptap la, gonfle rive! men kwen!

2. yon Nan Ayiti, chaje. taptap D pran peyi gwo se tèt

3. moun rale pou Anpil pral yo lòt antre. soti

4. yon Nan D tèt se peyi gwo pran taptap chaje. Ayiti,

5. lavi! Ala yon

6. trajè Lè lòt moun long, lè yo pa la konnen. a anpil pa bon, frape san wout

7. fwa kwen. gen plas; nan kèk moun kò Anpil kwense pa yo bije yon ti

8. Lè moun a lè yo long, san konnen. pa anpil frape trajè lòt pa wout la bon,

9. yon plas; fwa gen Anpil kwen. ti kwense kèk bije pa yo kò nan moun

10. tou sou chita Pafwa yo lòt. youn moun

11. Pafwa lòt. moun sou yo youn chita tou

12. ka moun oubyen sa pou yo egoyis goumen viv? y ap Èske yo

Paj Revizyon - Leson 20 - Pran Taptap - Vèb ak ekspresyon

Non: ______________________ Klas: ______________ Dat: ____________

Sèvi ak mo ki souliye yo pou ekri pwòp fraz pa w.

1. **Kwense** Anpil fwa pa gen plas; kèk moun bije kwense kò yo nan yon ti kwen.

2. **rale** Anpil moun pral rale lòt soti pou yo antre.

3. **pran** Nan peyi D Ayiti, pran taptap se yon gwo tèt chaje.

4. **frape** Lè trajè a long, lè wout la pa bon, anpil moun frape lòt san yo pa konnen.

5. **Gade** Gade yon kwen! tout moun gonfle la, men yon taptap rive!

6. **Chita** Pafwa tou moun yo chita youn sou lòt.

7. **konnen** Lè trajè a long, lè wout la pa bon, anpil moun frape lòt san yo pa konnen.

8. **goumen** Èske moun sa yo egoyis oubyen y' ap goumen pou yo ka viv?

9. **tèt chaje** Nan peyi D Ayiti, pran taptap se yon gwo tèt chaje.

10. **Ala** Ala yon lavi!

11. **bije** Anpil fwa pa gen plas; kèk moun bije kwense kò yo nan yon ti kwen.

12. **youn sou lòt** Pafwa tou moun yo chita youn sou lòt.

Rechèch Mo - Leson 20 - Pran Taptap - Vokabilè

Non: ______________________ Klas: ______________ Dat: ____________

Eseye jwenn mo ki kache yo.

D	R	F	P	Z	F	F	O	U	I	O	W	T	M	C	B	W	U	X
P	O	L	W	G	S	U	F	L	N	M	G	H	I	O	U	C	J	N
L	P	A	O	J	D	O	O	V	W	M	P	X	X	U	U	X	G	H
A	K	L	E	P	O	E	X	A	E	Y	A	I	K	W	E	N	H	V
S	R	B	D	I	X	Q	Z	I	F	P	T	M	O	P	N	X	J	W
F	J	T	N	J	G	I	S	O	J	A	C	P	A	N	R	Q	L	R
B	N	G	U	F	I	P	T	F	T	C	B	N	E	Q	Y	Y	C	F
T	B	E	O	R	V	E	N	U	G	V	H	V	D	M	U	Y	J	B
J	Y	Q	G	S	I	Y	S	O	K	H	A	U	U	X	O	H	Q	O
I	A	V	C	U	X	I	G	J	S	J	N	J	G	L	T	W	A	M
C	K	M	N	O	B	U	U	X	G	K	E	T	R	E	G	F	T	B
V	W	P	D	I	Y	E	Q	A	I	D	N	C	L	Q	R	H	W	T
F	J	U	M	O	U	N	T	R	A	J	E	C	Q	K	A	M	X	I
F	Q	P	H	W	J	U	T	L	Y	E	M	A	E	E	Q	I	H	K
P	E	H	T	O	Y	V	P	A	F	W	A	D	G	E	L	T	P	S
Q	O	Q	L	U	R	M	A	V	P	I	Z	K	O	I	W	D	H	R
X	B	T	P	T	N	N	M	I	F	T	L	T	Y	P	R	B	L	R
N	X	C	J	K	S	K	R	U	T	U	A	F	I	C	R	K	X	P
I	S	C	F	T	L	O	O	X	H	Q	N	P	S	M	X	J	I	R

Chwazi nan mo sa yo:

plas	trajè	moun	wout	lavi
taptap	peyi	kwen	Pafwa	egoyis

Sèvi ak Mo Nouvo - Leson 20 - Pran Taptap - Vokabilè

Non: ______________________ Klas: ______________ Dat: ___________

Konplete chak fraz avèk mo ki kòrèk la.

Peyi	taptap	lavi	wout	moun
plas	trajè	Pafwa	egoyis	kwen

1. Ala yon_______________!
2. Eskè moun sa yo _________________ oubyen y' ap goumen pou yo ka viv?
3. Anpil ______________________ pral rale lòt soti pou yo antre.
4. Nan __________________ D Ayiti, pran taptap se yon gwo tèt chaje.
5. Lè _____________ a long, lè wout la pa bon, anpil moun frape lòt san yo pa konnen.
6. Anpil fwa pa gen ________________ kèk moun bije kwense kò yo nan yon ti kwen.
7. Lè trajè a long, lè _______________la pa bon, anpil moun frape lòt san yo pa konnen.
8. _____________________tou moun yo chita youn sou lòt.
9. Nan peyi D Ayiti, pran __________________ se yon gwo tèt chaje.
10. Gade yon ________________! tout moun gonfle la, men yon taptap rive!

Fraz Mele - Leson 20 - Pran Taptap - Vokabilè

Non: ______________________ Klas: ______________ Dat: ____________

Fraz sa yo mele. Reranje yo pou yo ka fè sans. Sonje kòmansman ak finisman fraz yo.

1. chaje. Nan tèt peyi taptap D Ayiti, yon gwo pran se

2. yon tout kwen! la, men yon moun Gade rive! gonfle taptap

3. yon ti fwa gen Anpil plas; moun kwense pa kèk bije kò kwen. yo nan

4. san Lè trajè konnen. long, wout pa yo anpil la moun pa a bon, frape lòt lè

5. peyi Nan chaje. Ayiti, gwo yon taptap pran se D tèt

6. trajè long, wout frape pa san lè yo konnen. lòt moun bon, a pa anpil Lè la

7. egoyis moun yo y' ap goumen yo viv? pou oubyen Èske ka sa

8. chita tou yo sou moun lòt. youn Pafwa

9. Anpil lòt pral soti rale moun pou antre. yo

10. yon lavi! Ala

Paj Revizyon - Leson 20 - Pran Taptap - Vokabilè

Non: ______________________ Klas: ______________ Dat: ___________

Sèvi ak mo ki souliye yo pou ekri pwòp fraz pa w.

1. **Pafwa** Pafwa tou moun yo chita youn sou lòt.

____

____

2. **wout** Lè trajè a long, lè wout la pa bon, anpil moun frape lòt san yo pa konnen.

____

____

3. **traje** Lè trajè a long, lè wout la pa bon, anpil moun frape lòt san yo pa konnen.

____

____

4. **Taptap** Nan peyi D Ayiti, pran taptap se yon gwo tèt chaje.

____

____

5. **Plas** Anpil fwa pa gen plas; kèk moun bije kwense kò yo nan yon ti kwen.

____

____

6. **egoyis** Èske moun sa yo egoyis oubyen y' ap goumen pou yo ka viv?

____

____

7. **Lavi** Ala yon lavi!

____

____

8. **moun** Anpil moun pral rale lòt soti pou yo antre.

____

____

9. **peyi** Nan peyi D Ayiti, pran taptap se yon gwo tèt chaje.

____

____

10. **kwen** Gade yon kwen! tout moun gonfle la, men yon taptap rive!

____

____

Aktivite Leson 21

Rechèch Mo - Leson 21 - Ale Nan Lanmè - Vèb ak ekspresyon

Non: ______________________ Klas: ______________ Dat: ____________

Eseye jwenn mo ki kache yo.

B	E	N	Y	E	N	I	U	P	M	D	C	U	A	K	D	P	R	O	S	Z
Y	G	V	M	A	X	X	D	J	U	K	P	S	E	A	R	O	J	K	S	B
Y	F	L	K	X	N	V	H	Y	D	F	L	W	T	M	W	L	Z	F	L	X
A	H	E	G	O	S	B	C	J	X	W	K	L	R	P	J	O	Z	E	C	J
Z	D	S	A	F	W	R	A	H	Y	P	B	D	A	W	R	E	B	Y	Q	T
Y	L	N	R	L	F	K	I	K	J	B	T	R	N	K	D	E	S	I	D	E
O	G	B	U	T	C	I	Z	V	E	Y	R	I	P	O	S	W	L	C	M	N
N	G	N	K	W	Q	M	N	T	E	R	Z	I	E	L	O	O	K	U	G	O
B	N	F	S	V	Q	X	A	I	U	T	O	U	N	E	N	L	A	K	A	Y
O	T	R	P	A	B	P	J	C	I	I	D	B	X	O	L	L	L	B	V	T
N	X	B	R	F	S	Z	E	U	T	Y	H	L	Y	W	A	H	E	A	M	Z
V	H	G	A	X	W	V	D	K	E	W	I	T	X	T	C	E	K	V	B	C
A	Y	B	N	Y	Z	M	Y	W	G	R	A	R	S	C	L	O	F	Z	E	D
L	H	C	E	H	K	U	O	F	E	X	N	A	D	B	M	R	Q	H	I	R
E	Z	J	C	G	D	A	B	N	N	S	B	N	M	R	E	E	B	C	Q	I
G	Y	T	I	A	E	A	L	M	T	T	A	P	A	H	Z	Q	P	A	Z	H
Z	M	W	K	K	A	X	U	I	A	E	K	E	C	K	O	M	X	V	T	F
F	B	Q	N	B	E	Z	W	E	N	D	E	E	H	T	O	T	O	P	C	C
T	U	D	U	X	X	V	W	X	G	D	X	R	E	I	K	H	S	O	N	R
B	K	S	M	P	T	M	A	Q	E	Q	A	U	E	Q	T	U	S	D	M	T
I	J	I	R	U	I	A	H	H	N	H	K	G	B	A	P	H	P	K	G	N

Chwazi nan mo sa yo:

te gen tan gen	yon bon valè	bezwen	pran	anbake
bay kalinda	tounen lakay	monte	deside	ranpe
rive	anbake	naje	ale	mache
Fini	tranpe	benyen		

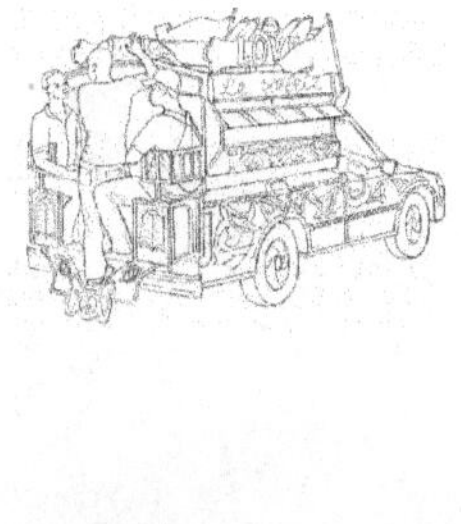

Sèvi ak Mo Nouvo - Leson 21 - Ale Nan Lanmè - Vèb ak ekspresyon

Non: ____________________________ Klas: ________________ Dat: ____________

Konplete chak fraz avèk mo ki kòrèk la.

benyen	anbake	anbake	pran	monte
te gen tan gen	tounen lakay	bezwen	bay kalinda	yon bon valè
ale	mache	deside	fini	naje
tranpe	rive	tranpe		

1. Pòl ak madanm ni deside __________________ nan plaj.
2. Depi vandredi swa machin nan deja ____________________.
3. Menm jan ak tout vwazen li yo; Pòl bezwen ____________ kò li nan yon ti dlo lanmè.
4. Ti moun ki monte sou chanm, granmoun ki ap _____________, ti chaloup ki ap bay kalinda sou dlo.
5. Menm jan ak tout vwazen li yo; Pòl _____________ tranpe kò li nan yon ti dlo lanmè.
6. Samdi kou li jou yo ___________________ wout lanmè pou yo.
7. Lè yo rive _____________________ yon bon valè moun.
8. Moun yo _____________________, yo mache sou sab lanmè; se bèl bagay.
9. Ti moun ki _______________sou chanm, granmoun ki ap naje, ti chaloup ki ap bay kalinda sou dlo.
10. Pòl ak madanm ni ________________________ ale nan plaj.

11. Depi vandredi swa machin nan deja _________________.
12. Lè yo rive te gen tan gen ________________________ moun.
13. Semèn nan pral ______________________.
14. Moun yo benyen, yo ___________________ sou sab lanmè; se bèl bagay.
15. Malerezman demen dimanch, fòk tout moun _________________ yo.
16. Lè yo ________________ te gen tan gen yon bon valè moun.
17. Menm jan ak tout vwazen li yo; Pòl bezwen ______________ kò li nan yon ti dlo lanmè.
18. Ti moun ki monte sou chanm, granmoun ki ap naje, ti chaloup ki ap ________ ____________sou dlo.

Fraz Mele - Leson 21 - Ale Nan Lanmè - Vèb ak ekspresyon

Non: ______________________ Klas: _____________ Dat: ___________

Fraz sa yo mele. Reranje yo pou yo ka fè sans. Sonje kòmansman ak finisman fraz yo.

1. bezwen jan nan yon ak tout vwazen dlo li tranpe Menm Pol yo; li kò lanme. Ti

2. fòk Malerezman demen dimanch, yo. moun lakay tout tounen

3. yo yo Moun benyen, mache bèl bagay. sab lanmè; sou se

4. plaj. Pòl deside nan madanm ale ni ak

5. ki kalinda moun ki monte ap dlo. sou bay chaloup naje, granmoun chanm, Ti ki ti sou ap

6. yo Lè gen te tan gen rive yon valè moun. bon

7. anbake. swa deja machin nan vandredi Depi

8. tan te Lè yo yon bon moun. rive gen gen valè

9. kou wout jou Samdi pran pou yo yo. li lanmè

10. sab lanmè; benyen, bagay. bèl yo sou mache Moun yo se

11. moun. gen te bon yon yo tan Lè rive valè gen

12. pral nan fini. Semèn

13. sou sou ki moun dlo. monte chanm, ki ap ti chaloup naje, ap kalinda Ti bay ki granmoun

14. li jan ak ti Menm tout vwazen bezwen kò dlo li Pòl tranpe lanmè. nan yon yo;

15. ki moun ap monte sou chaloup chanm, ki ap naje, bay dlo. kalinda ti ki granmoun Ti sou

16. lanmè. dlo yon li nan jan Menm tout li Pòl bezwen yo; ak kò ti vwazen tranpe

17. Depi vandredi deja machin anbake. nan swa

18. ak madanm Pòl deside nan plaj. ni ale

Paj Revizyon - Leson 21 - Ale Nan Lanmè - Vèb ak ekspresyon

Non: ______________________ Klas: ______________ Dat: ___________

Sèvi ak mo ki souliye yo pou ekri pwòp fraz pa w.

1. **rive** — Lè yo rive te gen tan gen yon bon valè moun.

2. **anbake** — Depi vandredi swa machin nan deja anbake.

3. **bezwen** — Menm jan ak tout vwazen li yo; Pòl bezwen tranpe kò li nan yon ti dlo lanmè.

4. **pran** — Samdi kou li jou yo pran wout lanmè pou yo.

5. **anbake** — Depi vandredi swa machin nan deja anbake.

6. **tounen lakay** — Malerezman demen dimanch, fòk tout moun tounen lakay yo.

7. **yon bon valè** — Lè yo rive te gen tan gen yon ban valè moun.

8. **fini** — Semèn nan pral fini.

9. **mache** — Moun yo benyen, yo mache sou sab lanmè; se bèl bagay.

10. **monte** — Ti moun ki monte sou chanm, granmoun ki ap naje, ti chaloup ki ap bay kalinda sou dlo.

11. **deside** — Pòl ak madanm ni deside ale nan plaj.

12. **naje** — Ti moun ki monte sou chanm, granmoun ki ap naje, ti chaloup ki ap bay kalinda sou dlo.

13. **te gen tan gen** — Lè yo rive te gen tan gen yon bon valè moun.

14. **tranpe** — Menm jan ak tout vwazen li yo; Pòl bezwen tranpe kò li nan yon ti dlo lanmè.

15. **ale** — Pòl ak madanm ni deside ale nan plaj.

16. **benyen** — Moun yo benyen, yo mache sou sab lanmè; se bèl bagay.

17. **bay kalinda** — Ti moun ki monte sou chanm, granmoun ki ap naje, ti chaloup ki ap bay kalinda sou dlo.

Rechèch Mo - Leson 21 - Ale Nan Lanmè - Vokabilè

Non: ____________________________ Klas: ________ Dat: ______________

Eseye jwenn mo ki kache yo.

I	F	N	V	M	R	L	Y	J	C	Y	M	H	J	A	Z	N	U	W	L
W	R	W	Q	M	I	X	A	I	L	L	A	Y	G	M	O	Q	D	G	O
D	Q	R	U	W	E	W	X	N	Z	Q	V	D	E	A	L	Y	S	E	O
T	G	T	M	V	D	X	H	C	M	B	W	U	G	Z	E	S	A	B	J
X	I	A	P	G	J	A	N	K	V	E	I	Y	U	Q	Y	V	M	M	Y
G	V	W	A	Z	E	N	K	J	I	Q	V	I	D	P	L	J	D	C	P
H	D	J	S	M	U	I	I	D	P	J	K	Z	P	Y	L	K	I	V	O
B	U	G	J	M	A	L	E	R	E	Z	M	A	N	O	O	R	V	M	M
V	P	N	C	E	C	D	L	P	B	V	I	M	A	D	A	N	M	O	Y
R	D	A	Y	H	Q	C	C	L	K	I	A	K	D	Z	L	R	Q	U	X
Y	F	J	V	V	A	R	M	A	C	H	I	N	X	Z	Z	H	W	E	O
O	U	V	U	I	A	L	I	J	T	D	Z	Y	D	E	C	F	C	B	L
V	F	G	R	A	N	M	O	U	N	L	F	E	K	R	K	E	M	K	P
E	Q	K	I	O	W	W	V	U	Z	O	V	L	G	D	E	D	I	S	Y
P	C	L	A	D	S	Q	H	C	P	L	B	N	A	P	X	D	I	Y	H
A	P	S	N	Q	E	X	Q	A	Q	A	N	A	N	F	C	P	I	A	D
J	E	X	B	N	M	O	A	E	Y	N	Y	M	W	J	H	G	O	N	H
D	Y	I	W	P	E	H	O	V	E	M	P	V	M	J	A	J	Q	E	X
Z	K	A	N	M	N	K	Y	K	A	E	V	O	E	E	N	L	N	S	P
C	B	N	C	N	U	A	U	S	Z	P	I	R	F	S	M	C	T	L	O

Chwazi nan mo sa yo:

dlo lanmè	Samdi	plaj	madanm	yo
machin	chaloup	sab	chanm	lanmè
Malerezman	vandredi	Semèn	granmoun	vwazen

Sèvi ak Mo Nouvo - Leson 21 - Ale Nan Lanmè - Vokabilè

Non: ____________________ Klas: ______________ Dat: ___________

Konplete chak fraz avèk mo ki kòrèk la.

chanm	Semèn	yo	granmoun	dlo lanmè
madanm	Samdi	vandredi	chaloup	vwazen
Malerezman	sab	lanmè	plaj	machin

1. Moun yo benyen, yo mache sou __________________ lanmè; se bèl bagay.

2. Ti moun ki monte sou ____________________, granmoun ki ap naje, ti chaloup ki ap bay kalinda sou dlo.

3. Lè ____________________ rive te gen tan gen yon bon valè moun.

4. Menm jan ak tout vwazen li yo; Pòl bezwen tranpe kò li nan yon ti dlo ________________.

5. Pòl ak madanm ni deside ale nan ____________________.

6. Menm jan ak tout ____________________ li yo; Pòl bezwen tranpe kò li nan yon ti dlo lanmè.

7. ________________________ nan pral fini.

8. Ti moun ki monte sou chanm, ______________________ ki ap naje, ti chaloup ki ap bay kalinda sou dlo.

9. Depi ____________________ swa machin nan deja anbake.

10. __________________________ kou li jou yo pran wout lanmè pou yo.

11. Menm jan ak tout vwazen li yo; Pòl bezwen tranpe kò li nan yon ti __________________.

12. Ti moun ki monte sou chanm, granmoun ki ap naje, ti ____________________ ki ap bay kalinda sou dlo.

13. Depi vandredi swa ____________________ nan deja anbake.

14. ________________________ demen dimanch, fòk tout moun tounen lakay yo.

15. Pòl ak ___________________ ni deside ale nan plaj.

Fraz Mele - Leson 21 - Ale Nan Lanmè - Vokabilè

Non: ____________ Klas: ____________ Dat: ____________

Fraz sa yo mele. Reranje yo pou yo ka fè sans.

1. Samdi lanmè kou jou pran wout yo. li yo pou
2. yon jan tout li lanmè. Pòl kò dlo tranpe Menm ak vwazen bezwen ti nan yo; li
3. dlo. granmoun moun kalinda monte chanm, ap ki ti sou ki ki naje, ap chaloup sou bay Ti
4. machin Depi swa anbake. nan deja vandredi
5. ale nan Pòl plaj. ak ni madanm deside

6. ti dlo. granmoun moun sou Ti sou monte ap kalinda ki chanm, bay chaloup ap naje, ki ki
7. deja swa nan vandredi machin anbake. Depi
8. jan tranpe vwazen tout li Menm lanmè. yo; dlo nan ak li yon bezwen ti Pòl kò
9. yo sou lanmè; benyen, bagay. sab yo mache Moun se bèl

10. moun. yo te bon tan valè gen gen yon rive Lè

11. jan tout lanmè. yon tranpe li ti ak vwazen yo; nan bezwen Menm dlo kò Pòl li

12. Semèn fini. nan pral

13. moun ki Ti naje, granmoun chanm, sou sou ki ap dlo. ap monte bay ti ki kalinda chaloup

14. Pòl deside ak plaj. madanm ale ni nan

15. tounen dimanch, yo. demen moun fòk tout Malerezman lakay

Paj Revizyon - Leson 21 - Ale Nan Lanmè - Vokabilè

Non: ______________________ Klas: ______________ Dat: ____________

Sèvi ak mo ki souliye yo pou ekri pwòp fraz pa w.

1. **plaj** — Pòl ak madanm ni deside ale nan plaj.

2. **vandredi** — Depi vandredi swa machin nan deja anbake.

3. **Malerezman** — Malerezman demen dimanch, fòk tout moun tounen lakay yo.

4. **sab** — Moun yo benyen, yo mache sou sab lanmè; se bèl bagay.

5. **chaloup** — Ti moun ki monte sou chanm, granmoun ki ap naje, ti chaloup ki ap bay kalinda sou dlo.

6. **chanm** — Ti moun ki monte sou chanm, granmoun ki ap naje, ti chaloup ki ap bay kalinda sou dlo.

7. **vwazen** — Menm jan ak tout vwazen li yo; Pòl bezwen tranpe kò li nan yon ti dlo lanmè.

8. **dlo lanmè** — Menm jan ak tout vwazen li yo; Pòl bezwen tranpe kò li nan yon ti dlo lanmè.

9. **Semèn** — Semèn nan pral fini.

10. **madanm** — Pòl ak madanm ni deside ale nan plaj.

11. **machin** — Depi vandredi swa machin nan deja anbake.

12. **granmoun** — Ti moun ki monte sou chanm, granmoun ki ap naje, ti chaloup ki ap bay kalinda sou dlo.

13. **yo** — Lè yo rive te gen tan gen yon bon valè moun.

14. **Samdi** — Samdi kou li jou yo pran wout lanmè pou yo.

15. **lanmè** — Menm jan ak tout vwazen li yo; Pòl bezwen tranpe kò li nan yon ti dlo lanmè.

Aktivite Leson 22

Rechèch Mo - Leson 22 - Vwayaje Lòtbò Dlo - Vèb ak ekspresyon

Non: ______________________ Klas: ______________ Dat: ___________

Eseye jwenn mo ki kache yo.

F	I	N	G	E	N	D	N	R	H	C	Z	V	J	B	N	P	B	N
S	B	O	L	O	H	R	W	W	F	V	N	X	Q	S	B	T	I	S
Y	L	I	M	N	T	J	Q	O	P	T	J	I	Z	Q	E	C	E	H
L	Z	T	L	F	S	J	J	L	B	L	W	F	B	N	T	X	V	X
K	G	O	Z	Q	W	Z	I	V	O	G	L	Z	T	M	P	Z	D	R
M	N	U	S	G	K	S	W	N	E	C	J	H	O	C	Z	A	I	F
R	E	B	G	X	F	M	W	G	O	T	Z	M	I	P	H	T	M	Z
P	Z	J	P	W	W	R	R	Q	C	A	U	E	R	O	R	E	S	M
G	W	W	I	I	L	X	Y	Y	W	I	U	Q	I	J	Z	A	K	U
Q	Q	E	Q	O	A	O	T	B	M	U	V	S	W	P	J	Q	N	E
C	Z	N	M	S	K	Q	P	S	S	G	V	C	A	T	O	N	R	G
Z	S	N	R	E	R	D	K	Z	U	S	D	S	Z	K	H	Z	O	F
T	L	S	V	M	Y	A	A	A	L	P	Q	N	I	R	P	X	J	Y
N	F	Y	R	V	W	Q	N	T	S	J	I	P	I	F	R	I	V	E
B	L	X	I	M	S	D	T	T	K	K	V	W	A	Y	A	J	E	Y
G	U	H	O	A	F	B	R	N	R	K	O	C	N	G	L	P	Y	U
Z	F	S	A	N	B	L	E	W	R	E	Z	V	W	H	N	F	M	D
A	M	E	C	D	T	B	N	U	V	U	S	H	L	D	L	Y	S	W
W	Y	L	K	E	N	L	I	D	J	R	M	Q	Q	R	O	F	Q	Q

Chwazi nan mo sa yo:

Jwenn	fin gen	vwayaje	antre	rantre	tcheke
fè	pral	pran	mande	rive	sanble

Sèvi ak Mo Nouvo - Leson 22 - Vwayaje Lòtbò Dlo - Vèb ak ekspresyon

Non: ________________________ Klas: ______________ Dat: ___________

Mo ki nan yon fraz kapab ede w jwenn siyifikasyon yon mo ou pa konnen.
Konplete chak fraz avèk mo ki kòrèk la.

rantre	pral	sanble	pran	jwenn	mande
antre	fè	vwayaje	fin gen	tcheke	rive

1. Ou gen pou fè rezèvasyon sou youn nan avyon ki ______________________ zòn sa yo.

2. Apre ou ______________________ paspò ak viza ladan, ou kapab vwayaje.

3. Tout moun nan liy, yo _______________ zefè yo, peze yo epi peye yon ti kòb pou yo si yo peze plis pase pwa nòmal.

4. Moman ki pi bèl se lè ou ______________________ ayewopò, tout moun nan liy.

5. Apre ou fin gen paspò ak viza ladan, ou kapab ______________________.

6. Yon lòt moman; gwo zwazo a ___________________ lè a pou li.

7. Apre sa yo antre nan imigrasyon pou dènye tchèk ak enspeksyon, epi _________ nan avyon an.

8. Lè avyon an ______________________ yon gwo opalè mande pasaje yo pou yo anbake.

9. Swa ou __________________ Lafrans, Kanada, Ozetazini, anpil nan demach yo sanble.

10. Lè avyon an rantre yon gwo opalè ___________________ pasaje yo pou yo anbake.

11. Pafwa moun pa ____________________ plas, lè konsa, yo sou "stannbay".

12. Swa ou pral Lafrans, Kanada, Ozetazini, anpil nan demach yo __________________.

Fraz Mele - Leson 22 - Vwayaje Lòtbò Dlo - Vèb ak ekspresyon

Non: ______________________ Klas: ______________ Dat: ___________

Fraz sa yo mele. Reranje yo pou yo ka fè sans. Sonje kòmansman ak finisman fraz yo.

1. moun sou jwenn Pafwa lè plas, yo konsa, "stannbay" pa

2. nan ou pral demach yo Lafrans, Kanada, Ozetazini, sanble. Swa anpil

3. ou viza kapab ak ladan, gen fin vwayaje. ou paspò Apre

4. pou lòt moman; zwazo li. Yon gwo a a pran lè

5. opalè pasaje avyon rantre anbake. gwo pou an yon Lè yo mande yo

6. ak Apre ou gen paspò viza ladan, kapab vwayaje. fin ou

7. yo dènye an. sa ak antre imigrasyon enspeksyon, Apre nan tchèk epi pou avyon antre nan

8. nan pi ki se ou liy. tout bèl ayewopo, rive lè Moman moun

9. Swa ou Lafrans, pral anpil yo Ozetazini, nan demach sanble. Kanada,

10. yon mande gwo pou Lè anbake. avyon an rantre yo opalè pasaje yo

11. avyon gen sa ki fè fè youn nan rezèvasyon sou yo. pou Ou zòn

12. moun yo yo, Tout pase nomal. liy zefè peye ti si plis tcheke peze peze yo nan pwa epi yon kòb pou yo yo

Paj Revizyon - Leson 22 - Vwayaje Lòtbò Dlo - Vèb ak ekspresyon

Non: ______________________ Klas: _____________ Dat: __________

Sèvi ak mo ki souliye yo pou ekri pwòp fraz pa w.

1. **rive** Moman ki pi bèl se lè ou rive ayewopò, tout moun nan liy.

2. **pran** Yon lòt moman; gwo zwazo a pran lè a pou li.

3. **tcheke** Tout moun nan liy yo tcheke zefè yo, peze yo epi peye yon ti kòb pou yo si yo pese plis pase pwa nòmal.

4. **fin gen** Apre ou fin gen paspò ak viza ladan, ou kapab vwayaje.

5. **rantre** Lè avyon an rantre yon gwo opalè mande pasaje yo pou yo anbake

6. **sanble** Swa ou pral Lafrans, Kanada, Ozetazini, anpil nan demach yo sanble.

7. **vwayaje** Apre ou fin gen paspò ak viza ladan, ou kapab vwayaje.

8. **pral** Swa ou pral Lafrans, Kanada, Ozetazini, anpil nan demach yo sanble.

9. **jwenn** Pafwa moun pa jwenn plas, lè konsa, yo sou "stannbay"

10. **mande** Lè avyon an rantre yon gwo opalè mande pasaje yo pou yo anbake.

11. **fè** Ou gen pou fè rezèvasyon sou youn nan avyon ki fè zòn sa yo.

12. **antre** Apre sa yo antre nan imigrasyon pou dènye tchèk ak enspeksyon, epi antre nan avyon an.

Rechèch Mo - Leson 22 - Vwayaje Lòtbò Dlo - Vokabilè

Non: ______________________ Klas: ______________ Dat: ___________

Eseye jwenn mo ki kache yo.

A	U	I	M	O	A	I	M	I	G	R	A	S	Y	O	N	V	X	L	F	Q
T	I	O	Z	I	M	C	N	U	A	R	I	E	G	V	X	Z	O	Y	Y	U
Q	I	Z	E	F	E	W	F	G	S	J	H	W	D	K	A	V	E	U	V	Z
N	R	F	B	V	R	E	Z	E	V	A	S	Y	O	N	G	I	P	R	M	Z
T	E	N	S	W	G	C	W	V	U	J	S	X	U	D	I	Z	Z	R	J	X
Y	I	B	H	T	K	O	Z	E	T	A	Z	I	N	I	N	A	M	U	X	E
Z	H	I	P	J	A	D	M	S	Q	L	W	E	B	V	B	S	S	G	B	U
O	K	J	H	U	A	N	K	F	H	J	F	A	F	N	Q	O	P	A	L	E
P	A	S	P	O	D	D	N	Q	D	V	F	S	H	A	A	N	K	E	K	V
E	F	M	O	H	O	Z	B	B	W	Q	K	T	Y	P	Y	Q	V	E	T	B
N	U	F	B	F	G	G	Q	L	A	P	P	J	F	P	E	H	A	T	F	D
A	O	H	D	F	V	M	J	T	A	Y	W	K	E	J	W	K	G	C	V	Y
T	L	A	G	E	X	Z	W	A	A	F	J	A	E	U	O	N	W	P	V	I
L	Z	Y	T	Y	M	G	D	T	T	D	R	N	P	E	P	K	H	S	I	I
C	B	S	N	O	Q	A	C	C	G	V	P	A	V	Y	O	N	D	T	J	J
Z	O	Z	K	N	O	A	C	N	H	I	D	D	N	K	R	B	U	N	O	A
H	E	B	D	N	S	U	C	H	O	A	Z	A	O	S	F	Z	R	M	G	E
I	Z	L	N	K	B	H	B	B	Y	I	J	M	Z	J	Z	K	W	Y	H	N
K	S	T	W	Q	L	C	U	I	V	J	C	H	Q	E	F	B	L	A	Y	L
G	V	S	A	U	X	K	U	Y	K	R	A	J	R	D	S	Y	N	I	Z	E
E	Z	T	D	E	K	O	J	T	H	V	H	L	U	E	F	V	P	D	H	O

Chwazi nan mo sa yo:

stannbay	avyon	Lafrans	viza	zwazo	zefè
Kanada	imigrasyon	demach	opalè	paspò	Ozetazini
rezèvasyon	ayewopò				

Sèvi ak Mo Nouvo - Leson 22 - Vwayaje Lòtbò Dlo - Vokabilè

Non: ________________________ Klas: ______________ Dat: ___________

Mo ki nan yon fraz kapab ede w jwenn siyifikasyon yon mo ou pa konnen.
Konplete chak fraz avèk mo ki kòrèk la.

Lafrans	rezèvasyon	Ozetazini	viza	zefè	zwazo
stannbay	demach	avyon	Kanada	paspò	opalè
ayewopò	imigrasyon				

1. Yon lòt moman; gwo ______________________ a pran lè a pou li.

2. Swa ou pral Lafrans, Kanada, Ozetazini, anpil nan _________________ yo sanble.

3. Swa ou pral Lafrans, __________________, Ozetazini, anpil nan demach yo sanble.

4. Swa ou pral Lafrans, Kanada, ___________________, anpil nan demach yo sanble.

5. Moman ki pi bèl se lè ou rive __________________, tout moun nan liy.

6. Swa ou pral __________________, Kanada, Ozetazini, anpil nan demach yo sanble.

7. Apre ou fin gen ______________________ ak viza ladan, ou kapab vwayaje.

8. Apre ou fin gen paspò ak ________________________ ladan, ou kapab vwayaje.

9. Lè ___________________ an rantre yon gwo opalè mande pasaje yo pou yo anbake.

10. Ou gen pou fè ______________________ sou youn nan avyon ki fè zòn sa yo.

11. Tout moun nan liy yo tcheke _____________ yo, peze yo epi peye yon ti kòb pou yo si yo peze plis pase pwa nòmal.

12. Lè avyon an rantre yon gwo ______________________ mande pasaje yo pou yo anbake.

13. Apre sa yo antre nan __________pou dènye tchèk ak enspeksyon, epi antre nan avyon an.

14. Pafwa moun pa jwenn plas, lè konsa, yo sou "____________________".

Fraz Mele - Leson 22 - Vwayaje Lòtbò Dlo - Vokabilè

Non: ______________________ Klas: _____________ Dat: __________

Fraz sa yo mele. Reranje yo pou yo ka fè sans. Sonje kòmansman ak finisman fraz yo.

1. gen fè yo. fè rezèvasyon Ou sou pou avyon ki sa zòn nan youn

2. yon si zefè moun yo kòb pou Tout liy tcheke peye yo, yo nan pwa nòmal. epi peze ti peze yo plis yo pase.

3. pou lòt moman; zwazo a li. Yon gwo lè pran a

4. vwayaje. ou Apre viza ou ladan, ak kapab gen fin paspò

5. yo lè Pafwa sou moun pa plas, konsa, "stannbay" jwenn

6. yo pral Kanada, ou sanble. Lafrans, nan demach anpil Ozetazini, Swa

7. pasaje avyon yo pou an yo mande anbake. yon rantre opalè gwo Lè

8. yo Ozetazini, Swa pral ou Lafrans, Kanada, sanble. demach nan anpil

9. imigrasyon an. sa Apre nan antre yo dènye tchèk pou enspeksyon, ak avyon nan epi antre

10. ou paspò Apre gen kapab ou ladan, fin viza vwayaje. ak

11. ou pral sanble. Swa Ozetazini, nan Kanada, Lafrans, demach anpil yo

12. Moman pi se tout rive ou liy. ayewopò, nan lè bèl ki moun

13. opalè yo pou avyon yo an yon anbake. Lè gwo pasaje mande rantre

14. Ozetazini, ou yo Swa nan Kanada, demach Lafrans, anpil sanble. pral

Paj Revizyon - Leson 22 - Vwayaje Lòtbò Dlo - Vokabilè

Non: ____________________ Klas: ______________ Dat: ___________

Sèvi ak mo ki souliye yo pou ekri pwòp fraz pa w.

1. **stannbay** Pafwa moun pa jwenn plas, lè konsa, yo sou "stannbay"

2. **zefè** Tout moun nan liy yo tcheke zefè yo, peze yo epi peye yon ti kòb pou yo si yo peze plis pase pwa nòmal.

3. **Kanada** Swa ou pral Lafrans, Kanada, Ozetazini, anpil nan demach yo sanble.

4. **rezèvasyon** Ou gen pou fè rezèvasyon sou youn nan avyon ki fè zòn sa yo.

5. **paspò** Apre ou fin gen paspò ak viza ladan, ou kapab vwayaje.

6. **imigrasyon** Apre sa yo antre nan imigrasyon pou dènye tchèk ak enspeksyon, epi antre nan avyon an.

7. **demach** Swa ou pral Lafrans, Kanada, Ozetazini, anpil nan demach yo sanble.

8. **zwazo** Yon lòt moman; gwo zwazo a pran lè a pou li.

9. **Ozetazini** Swa ou pral Lafrans, Kanada, Ozetazini, anpil nan demach yo sanble.

10. **avyon** Lè avyon an rantre yon gwo opalè mande pasaje yo pou yo anbake.

11. **ayewopò** Moman ki pi bèl se lè ou rive ayewopò, tout moun nan liy.

12. **viza** Apre ou fin gen paspò ak viza ladan, ou kapab vwayaje.

13. **Lafrans** Swa ou pral Lafrans, Kanada, Ozetazini, anpil nan demach yo sanble.

14. **opalè** Lè avyon an rantre yon gwo opalè mande pasaje yo pou yo anbake.

Aktivite Leson 23

Rechèch Mo - Leson 23 - Yon Timoun Fèt - Vèb ak Ekspresyon

Non: ______________________ Klas: ______________ Dat: ___________

Eseye jwenn mo ki kache yo.

P	U	Y	W	T	S	V	Z	D	R	P	S	Y	B	B	J	K	R	C
V	G	Y	F	B	F	X	T	P	P	B	A	Q	L	Y	W	X	A	E
X	M	K	E	S	V	K	P	K	Q	Q	N	R	U	X	H	N	H	B
F	H	O	K	A	N	S	E	I	R	N	B	O	M	M	Y	G	C	I
C	I	N	G	W	N	K	F	T	U	G	L	H	M	S	G	P	C	A
T	T	N	E	A	M	M	E	N	H	Q	E	J	M	O	I	D	Z	O
O	E	E	N	U	M	L	J	I	D	H	C	A	C	U	A	I	V	E
U	J	N	T	H	I	R	B	S	X	U	F	Y	Y	F	S	Z	G	J
P	Q	E	J	K	K	H	Q	Z	Q	F	P	O	F	L	K	V	R	G
I	Z	B	K	A	O	U	L	K	O	M	A	N	S	E	C	C	M	K
T	H	P	Y	Y	I	U	O	H	T	A	A	F	U	G	H	V	M	Y
I	D	H	J	Y	U	Z	P	S	L	R	P	O	M	A	S	M	S	E
P	R	X	M	H	F	J	Q	E	M	Y	E	S	C	D	E	U	F	H
Q	M	T	W	Z	K	V	R	V	Z	E	N	W	V	E	W	T	Z	C
H	Y	R	O	H	F	C	O	C	Y	D	Q	L	H	G	B	O	C	K
Y	K	U	S	E	W	Q	F	P	L	O	D	J	S	N	S	B	E	S
S	Q	O	W	C	X	B	Z	C	I	L	Y	D	W	S	I	E	D	G
P	P	N	C	B	E	O	C	X	Z	A	T	Z	D	G	Z	C	J	P
N	N	N	B	C	H	W	M	Z	I	O	Z	B	T	B	L	X	A	U

Chwazi nan mo sa yo:

tou piti	Gade	kòmanse	Apèn	marye	fèk gen
soufle	sanble	tèt koupe	konnen	se	

Sèvi ak Mo Nouvo - Leson 23 - Yon Timoun Fèt - Vèb ak Ekspresyon

Non: ________________________ Klas: ______________ Dat: ___________

Konplete chak fraz avèk mo ki kòrèk la.

fèk gen	kòmanse	marye	konnen	se	sanble
tèt koupe	tou piti	soufle	Apèn	Gade	

1. Semèn sa a yo ____________________________ yon ti bebe.

2. De anmore yo gen yon bon van k'ap ____________________ nan kè yo.

3. Li ___________________.

4. ________________ti pitit la te fèt Felòm kriye: "mèsi Bondye mwen resi papa".

5. Li ____________________ konbinezon lanmou de moun yo.

6. Ti pitit la sanble ak papa li ____________________________.

7. Felòm ak Anita gen yon bon ti tan depi yo ___________________________.

8. _______________________ li nan bèsò a!

9. Men kimoun ki _________________ sa li ap vin demen?

10. Ti pitit la ______________________ ak papa li tèt koupe.

11. Ti bebe a deja _______________________ jwenn anpil afeksyon.

Fraz Mele - Leson 23 - Yon Timoun Fèt - Vèb ak Ekspresyon

Non: ______________________ Klas: ______________ Dat: ___________

Fraz sa yo mele. Reranje yo pou yo ka fè sans. Sonje kòmansman ak finisman fra

1. piti. Li tou

2. Semèn a gen yo ti yon bebe. fèk sa

3. Bondye papa ti pitit la te". resi Felòm mwen "mèsi fèt kriye: Apèn

4. van yon anmore yo. De gen bon kè yo k'ap soufle nan

5. a! bèso Gade li nan

6. pitit la ak tèt koupe. papa sanble li Ti

7. yo. konbinezon Li de se lanmou moun

8. ki sa demen? ap Men kimoun konnen li vin

9. yo Felòm ak gen bon tan ti Anita marye. yon depi

10. Ti papa la li ak pitit sanble koupe. tèt

11. Ti a afeksyon. anpil deja kòmanse jwenn bebe

Paj Revizyon - Leson 23 - Yon Timoun Fèt - Vèb ak Ekspresyon

Non: ______________________ Klas: ______________ Dat: ___________

Sèvi ak mo ki souliye yo pou ekri pwòp fraz pa w.

1. **Gade** Gade li nan bèso a!

2. **sanble** Ti pitit la sanble ak papa li tèt koupe.

3. **fèk gen** Semèn sa a yo fèk gen yon ti bebe.

4. **konnen** Men kimoun ki konnen sa li ap vin demen?

5. **soufle** De anmore yo gen yon bon van k'ap soufle nan kè yo.

6. **tèt koupe** Ti pitit la sanble ak papa li tèt koupe.

7. **Apèn** Apèn ti pitit la te fèt Felòm kriye: "mèsi Bondye mwen resi papa".

8. **marye** Felòm ak Anita gen yon bon ti tan depi yo marye.

9. **tou piti** Li tou piti.

10. **kòmanse** Ti bebe a deja kòmanse jwenn anpil afeksyon.

11. **se** Li se konbinezon lanmou de moun yo.

Rechèch Mo - Leson 23 - Yon Timoun Fèt - Vokabilè

Non: ______________________ Klas: _____________ Dat: ___________

Eseye jwenn mo ki kache yo.

K	P	C	H	S	I	N	F	T	I	B	E	B	E	A	V	D	F	U	X
X	N	T	G	K	T	D	C	X	L	Y	M	U	E	A	L	X	P	E	H
Z	J	O	N	M	T	E	P	T	O	S	T	P	A	H	H	Y	B	H	D
X	E	B	N	O	U	Z	D	V	G	Z	M	P	V	B	K	S	N	O	B
X	Y	R	D	X	H	P	W	E	D	A	I	M	N	I	L	N	M	L	J
Y	K	Y	L	B	N	A	F	T	M	Y	M	E	S	L	H	N	V	R	Z
P	K	P	D	D	V	R	I	H	O	E	K	F	S	B	I	W	H	I	W
J	I	Q	Y	P	I	T	I	F	Q	L	N	R	C	P	K	W	T	U	Y
V	R	S	A	A	S	Q	F	I	O	J	B	Q	V	B	T	P	Q	C	U
C	I	E	G	P	U	W	M	F	H	W	Y	Y	P	Y	G	W	F	W	T
K	W	B	M	A	P	E	N	F	L	Z	Y	X	D	U	H	C	D	N	O
Y	O	G	S	K	F	S	S	X	D	D	Q	V	Y	Z	L	J	E	V	L
G	A	N	M	O	R	E	C	A	N	B	E	S	O	A	V	X	Z	X	B
Z	Q	Q	B	Z	L	R	K	B	K	M	Z	P	E	J	G	A	R	Q	M
L	G	K	I	I	X	I	M	S	S	Q	Z	M	I	A	D	A	G	R	L
F	U	N	U	S	N	P	B	J	Y	J	L	V	S	H	I	S	S	C	Z
G	G	L	Z	X	N	E	G	E	P	O	D	Y	Q	T	B	O	M	S	G
O	F	P	G	F	I	T	Z	Z	G	J	N	T	R	F	T	I	F	J	V
Z	Z	W	E	Y	T	T	R	O	M	C	U	T	L	X	O	A	V	A	Z
A	A	N	S	Q	V	Q	T	Q	N	W	E	T	V	S	C	G	P	U	K

Chwazi nan mo sa yo:

papa	bèso	demen	konbinezon	afeksyon
piti	anmore	ti bebe	depi	Apèn

Sèvi ak Mo Nouvo - Leson 23 - Yon Timoun Fèt - Vokabilè

Non: ______________________ Klas: ____________ Dat: __________

Konplete chak fraz avèk mo ki kòrèk la.

ti bebe	Apèn	afeksyon	piti	depi
konbinezon	demen	anmore	papa	bèso

1. Ti pitit la sanble ak ________________ li tèt koupe.

2. Gade li nan ____________________ a!

3. Ti bebe a deja kòmanse jwenn anpil ________________.

4. Felòm ak Anita gen yon bon ti tan __________________ yo marye.

5. Li tou ____________________.

6. De ____________________ yo gen yon bon van k' ap soufle nan kè yo.

7. Semèn sa a yo fèk gen yon ____________________ .

8. Men kimoun ki konnen sa li ap vin __________________?

9. Li se ____________________ lanmou de moun yo.

10. ____________________ ti pitit la te fèt Felòm kriye: "mèsi Bondye mwen resi papa ".

Fraz Mele - Leson 23 - Yon Timoun Fèt - Vokabilè

Non: ______________________ Klas: _____________ Dat: __________

Fraz sa yo mele. Reranje yo pou yo ka fè sans. Sonje kòmansman ak finisman fraz yo.

1. k'ap anmore De soufle gen nan bon yo kè van yo. Yon

2. afeksyon. deja bebe jwenn Ti a kòmanse anpil

3. fèk bebe. yo sa gen Semèn a yon ti

4. konbinezon yo. se de moun Li lanmou

5. ap kimoun Men konnen demen? li sa vin ki

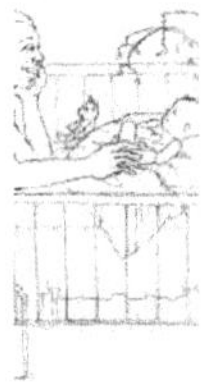

6. te ti la papa Felòm Apèn pitit "mèsi mwen Bondye fèt ". resi kriye

7. Li piti. tou

8. sanble koupe. pitit li Ti papa la ak tèt

9. li a! bèso nan Gade

10. ti ak Anita gen marye. yon yo bon Felòm depi tan

Paj Revizyon - Leson 23 - Yon Timoun Fèt - Vokabilè

Non:_________________________ Klas: _______________ Dat: ____________

Sèvi ak mo ki souliye yo pou ekri pwòp fraz pa w.

1. demen Men kimoun ki konnen sa li ap vin demen?

2. **papa** Ti pitit la sanble ak papa li tèt koupe.

3. **afeksyon** Ti bebe a deja kòmanse jwenn anpil afeksyon.

4. **ti bebe** Semèn sa a yo fèk gen yon ti bebe.

5. depi Felòm ak Anita gen yon bon ti tan depi yo marye.

6. **piti** Li tou piti.

7. **anmore** De anmore yo gen yon bon van k'ap soufle nan kè yo.

8. **konbinezon** Li se konbinezon lanmou de moun yo.

9. **bèso** Gade li nan bèso a!

10. **Apèn** Apèn ti pitit la te fèt Felòm kriye: "mèsi Bondye mwen resi papa".

Aktivite Leson 24

Rechèch Mo - Leson 24 - Yon Ka Lanmò - Vèb ak Ekspresyon

Non: ______________________ Klas: ________ Dat: ___________

Eseye jwenn mo ki kache yo.

C	D	N	K	S	F	L	N	I	O	W	I	E	Q	Q	Y	Q	T	E
N	E	U	W	J	E	Q	V	L	H	L	X	A	V	N	E	A	Z	F
Z	J	N	R	S	C	P	T	I	F	R	X	L	Q	B	O	Y	R	I
E	W	M	P	E	E	B	A	K	S	T	Z	B	V	W	Q	P	F	B
Y	U	M	U	Q	F	N	M	M	Q	K	U	I	O	B	P	A	T	V
H	S	H	Y	U	V	E	Y	W	W	K	B	E	Y	T	D	S	U	U
W	A	O	V	Y	R	L	Y	E	Q	E	G	A	E	O	B	E	F	R
S	J	A	C	D	L	E	H	U	N	N	N	F	L	W	M	E	L	A
E	R	L	Y	E	E	I	T	K	C	B	B	S	T	A	W	G	A	S
T	M	O	M	B	V	K	P	E	T	E	F	R	E	N	M	E	N	R
E	N	W	G	G	E	N	A	S	F	P	V	V	X	L	M	H	M	O
W	F	A	X	J	F	B	L	X	E	P	E	U	M	W	M	P	L	I
D	B	U	G	Q	W	Q	E	L	Q	D	Z	A	O	V	O	A	A	X
S	Q	O	F	E	T	I	B	N	T	B	I	P	B	W	U	G	N	L
W	V	G	G	V	P	S	E	T	O	I	A	O	G	Y	R	L	M	L
C	I	V	J	E	W	P	T	O	U	L	I	M	E	N	I	G	O	Q
J	J	A	K	T	F	F	F	B	Y	N	F	M	Q	R	W	K	U	O
B	S	X	Q	U	P	N	O	M	E	O	M	L	F	B	S	V	S	P
C	O	K	C	K	I	C	C	H	N	B	N	P	L	E	Q	K	C	V

Chwazi nan mo sa yo:

senyen	mouri	rete	touye	renmen
tou limen	voye	kenbe	refè	Se te
flanm lanmou	leve	Ala	pale	Se pa mwen sèlman

Sèvi ak Mo Nouvo - Leson 24 - Yon Ka Lanmò - Vèb ak Ekspresyon

Non: ____________________ Klas: ______________ Dat: ____________

Konplete chak fraz avèk mo ki kòrèk la.

senyen	mouri	rete	touye	renmen
tou limen	voye	kenbe	refè	Se te
flanm lanmou	leve	Ala	pale	Se pa mwen sèlman

1. ____________________, gran frè mwen an, e anpil timoun nan tout vwazinaj la.

2. Yon jou madi li te ____________________ yon tas kafe ban mwen.

3. Iya te vin malad, li pa t' janm fin ____________________ nèt.

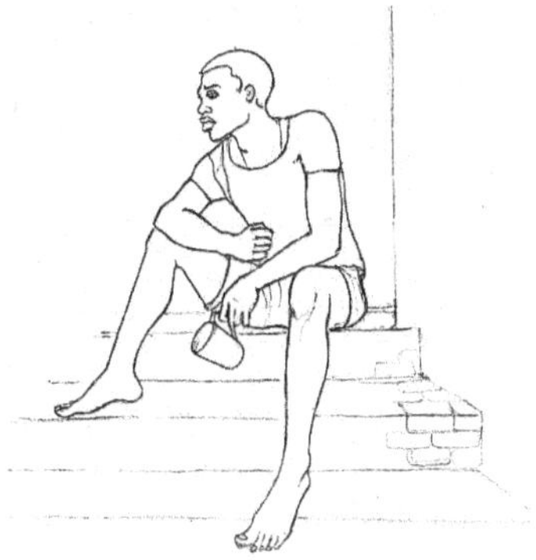

4. ____________________ dènye fwa.

5. Mwen santi kè mwen t'ap ____________________.

6. Chak maten Iya ____________________ nou ak yon tas kafe.

7. Iya ________________.

8. Maladi a touye kò ou men ________________ ki t'ap klere nan ou a, rete tou limen nan kè mwen.

9. Si mwen ta dwe ____________________ mwen t ap di: Iya ou ale vye sò?

10. Li te ____________________ bò lakay.

11. Se yon ti granmoun ki te ____________________ moun anpil.

12. ____________________ tris mwen tris!

13. Maladi a touye kò ou men flanm lanmou ki t ap klere nan ou a, rete ____________________ nan kè mwen.

14. Manman mwen te toujou di mwen, ti granmoun sila a te konn ________________ mwen lè mwen te piti.

15. Maladi a ________________ kò ou men flanm lanmou ki t ap klere nan ou a, rete tou limen nan kè mwen.

Fraz Mele - Leson 24 - Yon Ka Lanmò - Vèb ak Ekspresyon

Non: ______________________ Klas: ______________ Dat: ____________

Fraz sa yo mele. Reranje yo pou yo ka fè sans. Sonje kòmansman ak finisman fraz yo.

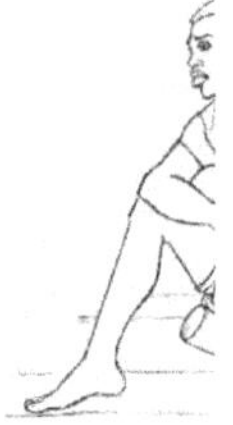

1. yon granmoun anpil. moun te Se renmen ti ki

2. Mwen kè mwen senyen. santi t ap

3. fin nèt. li te vin malad, t janm pa refè lya

4. a ou touye kò men t'ap tou lanmou flanm ki mwen. ou klere rete nan kè a, limen nan Maladi

5. te mwen. jou voye li Yon madi ban yon kafe tas

6. mwen dwe Si ta t ap vye pale mwen di: lya sò? ou ale

7. mouri. lya

8. mwen lè te sila mwen toujou piti. mwen, granmoun konn a ti kenbe te Manman te di mwen

9. pa la. e sèlman, frè mwen Se mwen an, anpil gran timoun nan tout vwazinaj

10. Se te fwa. dènye

11. a kò mwen. men flanm lanmou t ap Maladi nan ou klere ou ki rete kè nan touye a, tou limen

12. bò lakay. te rete Li

13. mwen tris trisl Ala

14. ak kafe. nou leve lya maten yon Chak tas

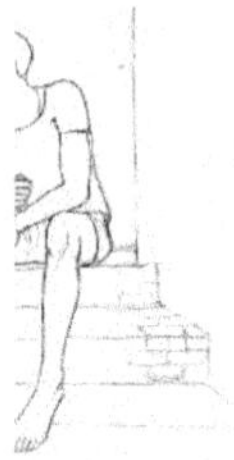

15. nan a kò tou men touye ou flanm Maladi mwen. t ap ou nan a, lanmou ke rete ki klere limen

Paj Revizyon - Leson 24 - Yon Ka Lanmò - Vèb ak Ekspresyon

Non: ______________________ Klas: ______________ Dat: ___________

Sèvi ak mo ki souliye yo pou ekri pwòp fraz pa w.

1. **senyen** — Mwen santi kè mwen t'ap senyen.

2. **touye** — Maladi a touye kò ou men flanm lanmou ki t'ap klere nan ou a, rete tou limen nan kè mwen.

3. **rete** — Li te rete bò lakay.

4. **mouri** — Iya mouri. .

5. **pale** — Si mwen ta dwe pale mwen t'ap di: Iya ou ale vye sò?

6. **tou limen** — Maladi a touye kò ou men flanm lanmou ki t'ap klere nan ou a, rete tou limen nan kè mwen.

7. **renmen** — Se yon ti granmoun ki te renmen moun anpil.

8. **Se te** — Se te dènye fwa. .

9. **Se pa mwen sèlman** — Se pa mwen sèlman, gran frè mwen an, e anpil timoun nan tout vwazinaj la.

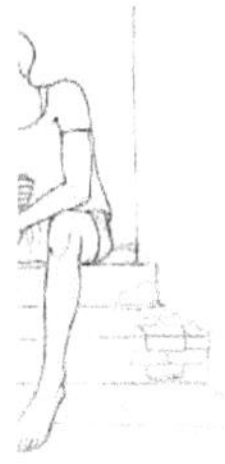

10. **Ala** — Ala tris mwen tris!

11. **voye** Yon jou madi li te voye yon tas kafe ban mwen.

12. **kenbe** Manman mwen te toujou di mwen, ti granmoun sila a te konn kenbe mwen lè mwen te piti.

13. **refè** Iya te vin malad, li pa t janm fin refè nèt.

14. **flanm lanmou** Maladi a touye kò ou men flanm lanmou ki t'ap klere nan ou a, rete tou limen nan kè mwen.

15. **leve** Chak maten Iya leve nou ak yon tas kafe.

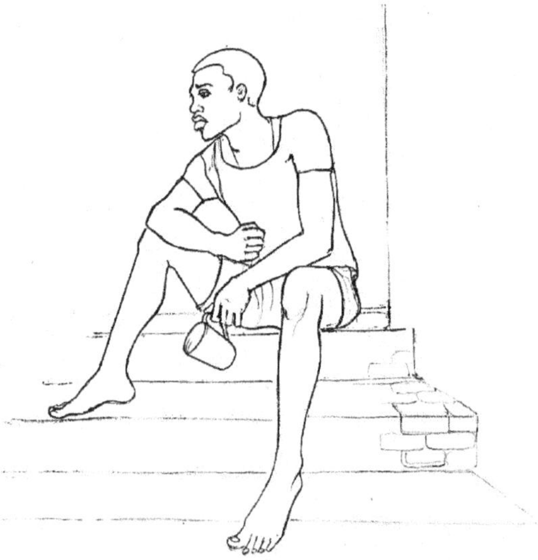

Rechèch Mo - Leson 24 - Yon Ka Lanmò - Vokabilè

Non: ______________________ Klas: _____________ Dat: ___________

Eseye jwenn mo ki kache yo.

X	P	E	W	V	V	G	Q	H	H	Z	A	A	T	W	U	W	E	D
R	L	Y	Y	J	L	W	M	M	A	L	A	D	C	F	H	Y	W	G
G	L	M	B	P	M	M	A	Y	C	X	M	Y	Z	X	U	D	N	J
G	Z	W	G	K	N	F	X	Z	A	Z	W	U	P	Z	I	U	V	Z
O	S	N	T	H	Y	R	P	U	I	G	F	Y	N	U	V	L	E	C
R	M	M	N	R	B	I	Z	M	I	N	L	V	R	L	K	M	W	S
G	B	A	J	R	I	U	M	U	O	I	A	J	D	V	E	K	W	I
V	R	L	K	T	A	S	K	A	F	E	N	J	O	S	D	U	T	W
G	R	A	N	M	O	U	N	Z	J	G	M	G	D	L	K	D	Q	I
R	Y	D	N	H	W	K	F	G	T	E	L	V	B	C	O	I	E	H
H	K	I	Z	M	W	U	R	M	X	N	A	O	U	A	S	H	X	M
K	M	V	L	R	O	E	Z	D	G	T	N	Q	L	I	R	R	F	R
Q	E	Y	A	R	B	U	E	E	E	I	M	W	Y	M	I	N	D	M
K	I	E	N	M	Y	F	N	N	P	A	O	D	M	X	V	Q	U	T
G	Y	S	M	U	U	M	C	Y	M	O	U	L	X	Y	M	N	S	N
T	A	O	H	A	X	T	R	E	W	G	A	M	A	D	I	C	E	V
U	X	V	O	A	W	C	K	E	Y	T	Q	S	A	K	L	S	M	T
P	A	O	G	O	P	C	X	A	H	P	W	B	X	H	A	W	D	S
O	D	S	X	N	S	H	B	O	C	F	S	H	P	A	D	Y	E	Q

Chwazi nan mo sa yo:

madi	Maladi	malad	kè	tris
dènye	flanm lanmou	granmoun	lya	vye sò
tas kafe	lakay	vwazinaj	granmoun	

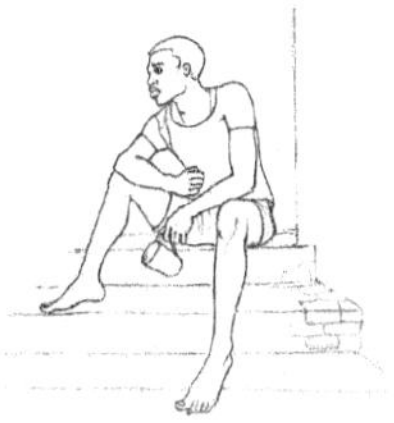

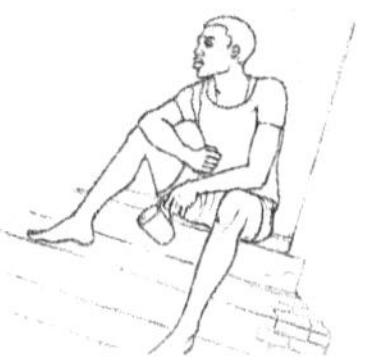

Sèvi ak Mo Nouvo - Leson 24 - Yon Ka Lanmò - Vokabilè

Non: ______________________ Klas: ______________ Dat: ___________

Konplete chak fraz avèk mo ki kòrèk la.

lya	granmoun	granmoun	kè	madi
flanm lanmou	tas kafe	dènye	vye sò	malad
Lakay	vwazinaj	tris	Maladi	

1. Li te rete bò ________________________.

2. Maladi a touye kò ou men ____________ _________ ki t'ap klere nan ou a, rete tou limen nan kè mwen.

3. __________________a touye kò ou men flanm lanmou ki t'ap klere nan ou a, rete tou limen nan kè mwen.

4. lya te vin _________________________ , li pa t' janm fin refè nèt.

5. Mwen santi __________________ mwen t'ap senyen.

6. Si mwen ta dwe pale mwen t'ap di: lya ou ale __________ ____________ ?

7. Ala ________________ mwen tris!

8. Se yon ti ________________ ki te renmen moun anpil.

9. Se pa mwen sèlman, gran frè mwen an, e anpil timoun nan tout ___________________ la.

10. Se te _____________________ fwa.

11. ____________________________ mouri.

12. Manman mwen te toujou di mwen, ti _________________ sila a te konn kenbe mwen lè mwen te piti.

13. Yon jou ______________________ li te voye yon tas kafe ban mwen.

14. Chak maten lya leve nou ak yon ___________ ______________.

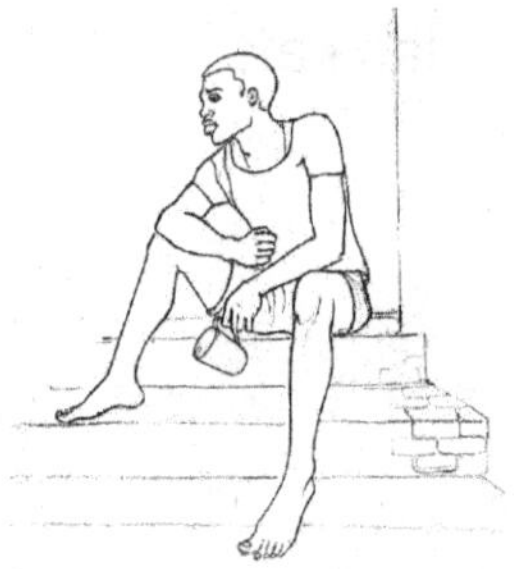

Fraz Mele - Leson 24 - Yon Ka Lanmò - Vokabilè

Non: ______________________ Klas: ______________ Dat: ___________

Fraz sa yo mele. Reranje yo pou yo ka fè sans. Sonje kòmansman ak finisman fraz yo.

1. ak kafe. tas Chak lya maten leve nou yon

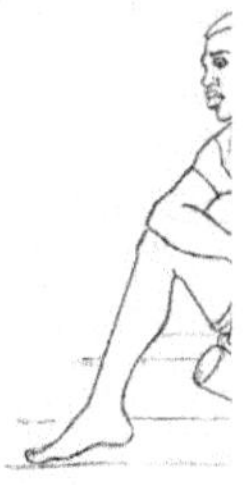

2. ou kò limen a touye lanmou nan tou flanm rete t'ap a, Maladi ki kè nan ou men mwen. Klere

3. pa li te nèt. t' janm lya vin malad, fin refè

4. nan anpil pa sèlman, frè Se mwen an, vwazinaj mwen la. gran tout e timoun

5. tris mwen tris! Ala

6. mouri. lya

7. mwen te toujou mwen, kenbe Manman granmoun mwen sila a konn piti. di mwen te lè ti te

8. Li rete te lakay. bò

9. a tou limen ki flanm t'ap ko touye kè Klere rete lanmou a, men ou Maladi nan mwen. nan ou

10. jou kafe li voye te ban yon tas mwen. madi Yon

11. moun ti anpil. ki granmoun yon renmen Se te

12. dènye fwa. Se te

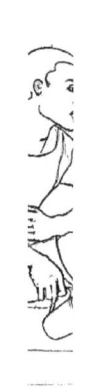

13. t'ap kè mwen santi senyen. Mwen

14. mwen t'ap ou ta dwe mwen lya Si vye sò? ale di: pale

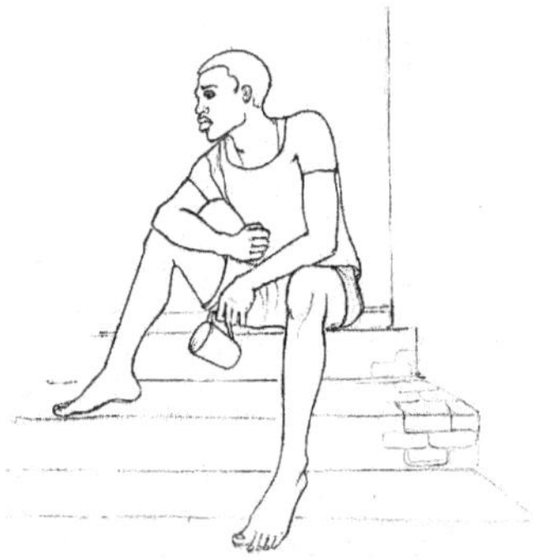

Paj Revizyon - Leson 24 - Yon Ka Lanmò - Vokabilè

Non: ______________________ Klas: ______________ Dat: ____________

Sèvi ak mo ki souliye yo pou ekri pwòp fraz pa w.

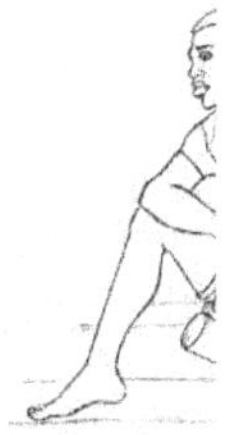

1. **malad** Iya te vin malad, li pa t' janm fin refè nèt.

____

____

2. **granmoun** Manman mwen te toujou di mwen, ti granmoun sila a te konn kenbe mwen lè mwen te piti.

____

____

3. **denye** Se te dènye fwa.

____

____

4. **madi** Yon jou madi li te voye yon tas kafe ban mwen.

____

____

5. **tris** Ala tris mwen tris!

____

____

6. **kè** Mwen santi kè mwen t'ap senyen.

____

____

7. **vwazina** Se pa mwen sèlman, gran frè mwen an, e anpil timoun nan tout vwazinaj la.

____

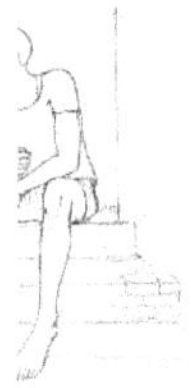

____

8. **flanm lanmou** Maladi a touye kò ou men flanm lanmou ki t'ap klere nan ou a, rete tou limen nan kè mwen.

____

9. **Iya**	Iya mouri.
10. **vye sò**	Si mwen ta dwe pale mwen t'ap di: Iya ou ale vye sò?
11. **lakay**	Li te rete bò lakay.
12. **tas kafe**	Chak maten Iya leve nou ak yon tas kafe.
13. **granmoun**	Se yon ti granmoun ki te renmen moun anpil.
14. **Maladi**	Maladi a touye kò ou men flanm lanmou ki t'ap klere nan ou a, rete tou limen nan kè mwen.

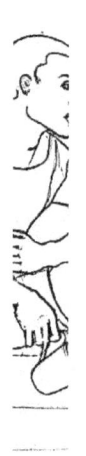

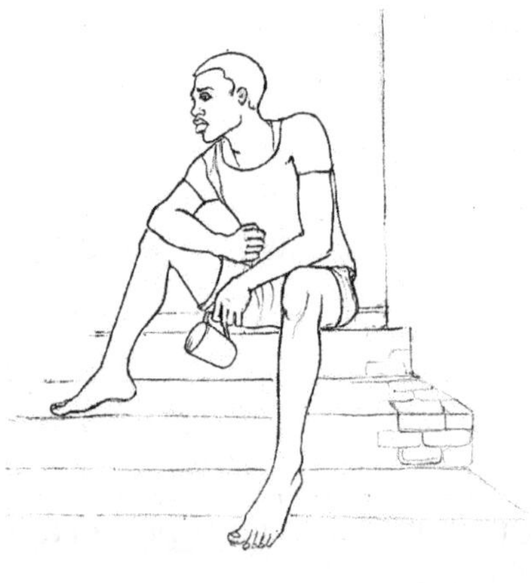

Aktivite Leson 25

Rechèch Mo - Leson 25 - Anbago - Vèb ak Ekspresyon

Non: ______________________ Klas: ______________ Dat: ___________

Eseye jwenn mo ki kache yo.

U	D	E	P	A	F	I	N	I	H	J	G	T	W	C	V	G	Q	P	Z
R	Z	G	P	J	H	I	R	C	W	U	H	N	Y	A	G	G	W	Y	P
A	G	Q	E	S	S	G	N	L	Q	Q	P	M	G	O	E	V	O	F	F
G	R	X	F	O	M	E	H	P	A	F	M	C	V	D	B	J	D	L	Y
D	T	T	J	T	I	O	H	S	I	P	J	Z	D	J	W	E	H	C	R
T	T	R	H	I	L	E	Y	T	V	O	C	A	F	I	V	U	X	I	I
N	F	I	V	H	A	K	I	F	I	H	F	I	B	W	G	Q	S	R	U
N	P	P	Z	G	B	V	N	I	N	I	E	R	E	R	Z	N	S	C	V
J	Z	K	X	O	G	W	J	T	P	Q	A	U	L	Q	V	T	V	C	Z
B	R	O	E	T	E	W	L	C	O	D	M	H	T	H	E	C	O	O	U
K	G	D	I	R	M	M	O	F	T	E	P	J	A	A	F	P	U	G	C
P	M	E	R	O	C	P	D	D	R	I	A	G	N	A	I	X	I	Z	Q
L	O	U	B	M	X	H	Y	I	E	L	K	U	K	Q	R	S	Y	X	S
Y	G	Z	C	R	Q	R	A	M	K	F	E	O	O	P	G	L	T	B	U
R	K	K	E	S	E	R	E	N	Q	N	K	B	U	Z	R	U	T	M	I
V	P	N	N	Q	R	P	C	M	J	U	F	G	P	M	W	D	L	B	U
D	S	G	Y	C	D	Y	Q	X	W	E	C	B	E	K	A	G	T	X	H
Q	X	Z	P	U	L	U	X	W	K	W	T	N	L	C	U	N	K	Q	A
K	Z	N	G	H	A	M	B	F	L	W	W	R	X	X	B	J	S	X	J
T	U	Y	S	W	D	P	F	B	K	V	Z	Q	R	L	R	G	W	E	S

Chwazi nan mo sa yo:

poze, Kè sere, depafini, koumanse, vin pòtre, soti, bèl tankou pèl, fòme, trip kòde, chanje, fin

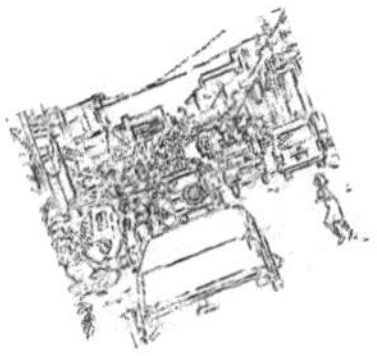

Sèvi ak Mo Nouvo - Leson 25 - Anbago - Vèb ak Ekspresyon

Non: ______________________ Klas: _____________ Dat: ___________

Konplete chak fraz avèk mo ki kòrèk la.

vin pòtre	soti	bèl tankou pèl	koumanse	depafini
fòme	trip kòde	poze	chanje	fin
Kè sere				

1. Pòtoprens, kapital la ki te bèl tankou pèl, vin potre yon timoun mazora, kwatchòkò ki ap __________________ pa depafini debou.

2. Pòtoprens, kapital la ki te bèl tankou pèl, ___________________ yon timoun mazora, kwatchòkò ki ap fin pa depafini debou.

3. Si nou gen bon sans nou dwe _____________________ plenn.

4. Nou menm ki _________________ jenerasyon sa a, ki jijman listwa prale pote sou nou.

5. __________________, dlo nan je, trip kòde, nan bi lan anbago sou do Ayiti an 1994.

6. Pou ki nou pa pran konsyans, pou ki nou pa _________________ metòd, pou ki nou pa chanje konsepsyon?

7. Pòtoprens, kapital la ki te bèl tankou pèl, vin potre yon timoun mazora, kwatchòkò ki ap fin pa ______________________ debou.

8. Kè sere, dlo nan je, _________________, nan bilan anbago sou do Ayiti an 1994.

9. Kote soufrans nou ____________________ ? Deyò nou oubyen anndan nou?

10. Pòtoprens, kapital la ki te _______________, vin pòtre yon timoun mazora, kwatchòko ki ap fin pa depafini debou.

11. Antouka nou pa jij men nou ka ______________ yon ti kesyon. Kote soufrans nou soti?

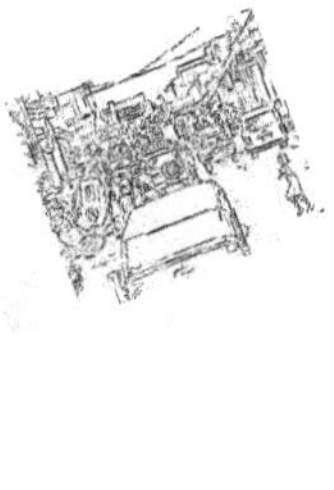

Fraz Mele - Leson 25 - Anbago - Vèb ak Ekspresyon

Non: ______________________ Klas: ______________ Dat: ___________

Fraz sa yo mele. Reranje yo pou yo ka fè sans. Sonje kòmansman ak finisman fraz yo.

1. mazora, kapital tankou vin la ki timoun pèl, yon bèl depafini debou. pa pòtre ap te Pòtoprens fin kwatchòkò ki

2. ki nou pa konsyans, konsepsyon? ki pou chanje nou Pou pran metòd, pou pa ki chanje nou pa

3. Antouka pa men soti? poze nou ti ka nou yon kesyon. jij Kote soufrans nou

4. ap Pòtoprens, mazora, fin pa depafini kapital la te yon debou. ki tankou vin bèl ki kwatchòkò pòtre timoun pèl,

5. plenn. gen nou sans nou bon Si koumanse dwe

6. kapital te fin la ki tankou bèl depafini vin pòtre timoun mazora, kwatchòkò pèl, ap ki pa debou. Pòtoprens, yon

Rechèch Mo - Leson 25 - Anbago - Vokabilè

Non: ________________________ Klas: ______________ Dat: ___________

Eseye jwenn mo ki kache yo.

O	N	F	E	D	A	K	Q	G	C	W	V	X	L	F	A	B	G	Y	S
M	T	G	Y	H	M	P	O	T	O	P	R	E	N	S	V	M	P	G	V
R	H	F	R	F	E	M	K	N	D	M	E	K	W	O	E	W	B	Z	I
V	K	Q	O	S	L	A	W	M	S	M	A	V	M	Y	S	K	T	I	R
D	E	B	O	U	L	Z	A	J	J	Y	A	Y	P	Y	R	E	T	Z	L
L	A	N	U	E	F	O	T	N	D	E	A	P	I	E	T	L	S	E	D
Y	N	J	R	U	Z	R	C	M	B	E	D	N	Z	T	D	J	X	Z	D
D	N	O	R	O	B	A	H	F	Y	A	M	D	S	F	I	C	B	S	H
L	D	J	Q	B	Q	V	O	C	F	L	G	V	U	C	N	Z	D	J	C
C	A	T	W	O	D	J	K	C	C	S	C	O	V	Z	B	L	V	F	N
K	N	N	D	N	T	E	O	I	W	X	N	G	Q	Z	I	A	M	D	K
Y	N	U	B	S	W	N	Y	L	O	U	I	Z	B	Y	R	M	I	E	P
S	Q	L	V	A	F	E	T	O	F	Z	Y	Q	F	Y	Q	F	L	Q	Y
P	O	Q	I	N	S	R	B	T	Y	D	J	B	R	Q	F	J	W	Z	J
W	O	U	H	S	E	A	N	B	B	M	E	Y	J	Y	G	S	K	W	E
B	O	T	F	T	A	S	A	O	S	B	L	T	M	I	O	M	O	K	T
N	I	Q	O	R	A	Y	K	D	H	J	L	F	Y	G	E	V	N	E	G
H	W	Z	E	R	A	O	S	L	E	X	T	R	X	Z	R	E	A	U	L
A	M	O	J	X	L	N	H	O	R	E	N	I	I	N	D	T	H	L	P
I	B	L	B	Z	D	U	S	S	M	W	S	U	I	P	F	E	Y	S	U

Chwazi nan mo sa yo:

mazora	konsyans	debou	kwatchòkò	Pòtoprens
Lòtbò dlo	anbago	bon sans	Ayiti	Deyò
jenerasyon	soufrans	anndan		

Sèvi ak Mo Nouvo - Leson 25 - Anbago - Vokabilè

Non: ______________________ Klas: ____________ Dat: __________

Mo ki nan yon fraz kapab ede w jwenn siyifikasyon yon mo ou pa konnen.
Konplete chak fraz avèk mo ki kòrèk la.

anndan	bon sans	mazora	Pòtoprens	soufrans
Ayiti	jenerasyon	kwatchòkò	anbago	Lòtbò dlo
Deyò	konsyans	debou		

1. Si nou gen ____________________ nou dwe koumanse plenn.

2. Nou menm ki fòme ________________________ sa a, ki jijman listwa prale pote sou nou.

3. Pòtoprens, kapital la ki te bèl tankou pèl, vin pòtre yon timoun ____________________ kwatchòkò ki ap fin pa depafini debou.

4. __________________ oubyen anndan peyi nou?

5. Kote soufrans nou soti? Deyò nou oubyen ____________________ nou?

6. Kote soufrans nou soti? ____________________ nou oubyen anndan nou?

7. Antouka nou pa jij men nou ka poze yon ti kesyon. Kote _________________ nou soti?

8. ______________________ , kapital la ki te bèl tankou pèl, vin pòtre yon timoun mazora, kwatchòkò ki ap fin pa depafini debou.

9. Kè sere, dlo nan je, trip kòde, nan bilan ____________________ sou do Ayiti an 1994.

10. Pòtoprens, kapital la ki te bèl tankou pèl, vin pòtre yon timoun mazora, ___________________ ki ap fin pa depafini debou.

11. Pòtoprens, kapital la ki te bèl tankou pèl, vin pòtre yon timoun mazora, kwatchòkò ki ap fin pa depafini ___________________.

12. Kè sere, dlo nan je, trip kòde, nan bilan anbago sou do ________________ an 1994.

13. Pou ki nou pa pran _____________, pou ki nou pa chanje metòd, pou ki nou pa chanje konsepsyon.

Fraz Mele - Leson 25 - Anbago - Vokabilè

Non: ______________________ Klas: ______________ Dat: ___________

Fraz sa yo mele. Reranje yo pou yo ka fè sans. Sonje kòmansman ak finisman fraz yo.

1. nou ti jij kesyon. nou poze soti? yon soufrans Antouka nou pa Kote ka men

____

____

2. kapital ki debou. pòtre te tankou bèl vin Pòtòprens, pèl, yon timoun mazora, ki ap depafini kwatchòkò la fin pa

____

____

3. ki la timoun kapital ki tankou pa bèl pèl, vin debou. depafini yon te fin mazora, kwatchòkò ap pòtre Pòtòprens,

____

____

4. menm pote jenerasyon jijman nou. listwa fòme Nou ki a, sa ki prale sou

____

____

5. nou nou konsepsyon? nou ki pou pou Pou chanje pran chanje konsyans, ki pa pa pa metòd, ki

____

____

6. soti? Kote nou? nou Deyò oubyen nou soufrans anndan

____

____

7. soufrans Kote nou? soti? oubyen Deyò nou nou anndan

____

____

8. Lòtbò nou? dlo peyi oubyen anndan

____

____

9. gen dwe nou plenn. bon nou Si sans koumanse

10. sere, an Ayiti nan nan bilan trip do kòde, je, 1994. anbago Kè sou dlo

11. nan 1994. Ayiti Kè dlo trip je, nan an kòde, sere, anbago sou do bilan

12. yon tankou te kapital bèl depafini debou. kwatchòkò mazora, ki pèl, fin pòtre timoun pa ap la Pòtoprens, ki vin

13. kapital ki kwatchòkò te pèl, debou. vin yon mazora, tankou ap pòtre fin timoun Pòtoprens, ki la pa bèl depafini

Paj Revizyon - Leson 25 - Anbago - Vokabilè

Non: ____________________ Klas: ______________ Dat: ____________

Sèvi ak mo ki souliye yo pou ekri pwòp fraz pa w.

1. **soufrans** — Antouka nou pa jij men nou ka poze yon ti kesyon. Kote soufrans nou soti?

____

____

2. **mazora** — Pòtoprens, kapital la kite bèl tankou pèl, vin pòtre yon timoun mazora, kwatchòkò ki ap fin pa depafini debou.

____

____

3. **Lòtbò dlo** — Lòtbò dlo oubyen anndan peyi nou?

____

____

4. **bon sans** — Si nou gen bon sans nou dwe koumanse plenn.

____

____

5. **kwatchòkò** — Pòtoprens, kapital la ki te bèl tankou pèl, vin pòtre yon timoun mazora, kwatchòkò ki ap fin pa depafini debou.

____

____

6. **debou** — Pòtoprens, kapital la kite bèl tankou pèl, vin pòtre yon timoun mazora, kwatchòkò ki ap fin pa depafini debou.

____

____

7. **Pòtòprens** — Pòtòprens, kapital la kite bèl tankou pèl, vin pòtre yon timoun mazora, kwatchòkò ki ap fin pa depafini debou.

____

____

8. **Deyò** Kote soufrans nou soti? Deyò nou oubyen anndan nou?

9. **jenerasyon** Nou menm ki fòme jenerasyon sa a, ki jijman listwa prale pote sou nou.

10. **konsyans** Pou ki nou pa pran konsyans, pou ki nou pa chanje metòd, pou ki nou pa chanje konsepsyon ?

11. **Ayiti** Kè sere, dlo nan je, trip kòde, nan bilan anbago sou do Ayiti an 1994.

12. **anndan** Kote soufrans nou soti? Deyò nou oubyen anndan nou?

13. **anbago** Kè sere, dlo nan je, trip kòde, nan bilan anbago sou do Ayiti an 1994.

Konsiltasyon

Schieffelin, B. B., & Doucet, R. C. (1992). The "real" Haitian Creole: metalinguistics and orthographic choice. *Pragmatics, 2*(3), 427-443.

Vernet, P. (1980). Techniques d'écriture du créole haïtien. *Haiti: Le Natal.*

Dejean, Y. F. (1977). *Comment Ecrire Le Creole D'Haiti. (French Text).* Indiana University.

DeGraff, M. (2007). Kreyòl Ayisyen, or Haitian Creole (Creole French). *Comparative creole syntax: Parallel outlines of, 18,* 101-126.

Worksheet Magic 1.2, Developed by GAMCO Educational Software. 1999

www.ingramcontent.com/pod-product-compliance
Lightning Source LLC
Chambersburg PA
CBHW081917180426
43199CB00036B/2760
* 9 7 8 1 9 5 6 2 4 1 0 6 8 *